AF332456

CORRIGÉ

DES

MALICES ET DES DICTÉES

CONTENUES DANS LA

PREMIÈRE GRAMMAIRE DE L'ÉCOLE PRATIQUE,

PAR M. BESCHERELLE AÎNÉ,

De la Bibliothèque du Louvre,

MEMBRE DE LA SOCIÉTÉ GRAMMATICALE DE PARIS.

Prix, broché, 80 centimes.

PARIS

LIBRAIRIE ECCLÉSIASTIQUE, CLASSIQUE ET ÉLÉMENTAIRE

DE EDOUARD TETU ET Cⁱᵉ,

5, rue Jean-Jacques Rousseau.

1842

à l'Élève

CORRIGÉ

DES

ANALYSES ET DES DICTÉES.

CORRIGÉ

DES

ANALYSES ET DES DICTÉES

CONTENUES DANS LA

PREMIÈRE GRAMMAIRE DE L'ÉCOLE PRATIQUE,

PAR M. BESCHERELLE AÎNÉ,

De la Bibliothèque du Louvre,

MEMBRE DE LA SOCIÉTÉ GRAMMATICALE DE PARIS.

Prix, broché, 80 centimes.

PARIS

LIBRAIRIE ECCLÉSIASTIQUE, CLASSIQUE ET ÉLÉMENTAIRE
DE H. DELLOYE
Rue des Filles-Saint-Thomas, 13, Place de la Bourse.

1841

CORRIGÉ

DES ANALYSES ET DES DICTÉES

CONTENUES DANS

LA PREMIÈRE GRAMMAIRE FRANÇAISE

DE L'ÉCOLE PRATIQUE.

PARTIE ÉLÉMENTAIRE.

CHAPITRE PREMIER.

DES VOYELLES, DES CONSONNES ET DES DIFFÉRENTES
SORTES D'E.

V. Grammaire, p. 2.

Lecture.

Honorez votre mère pendant toute sa vie.
Dès le matin élevez votre cœur à Dieu.
La prière de l'innocence s'élève au-dessus des nuages.
Prêtez l'oreille aux leçons de la sagesse.
La sagesse ornera votre tête d'une guirlande d'honneur.

Analyse.

h, CONSONNE, parce que cette lettre ne peut se prononcer seule.
o, VOYELLE, parce que cette lettre forme à elle seule un son
  distinct.
n, CONSONNE, parce que cette lettre ne peut se prononcer seule.
o, VOYELLE, parce que cette lettre forme à elle seule un son
  distinct.
r, CONSONNE, parce que cette lettre ne peut se prononcer seule.
e, VOYELLE, parce que cette lettre forme à elle seule un son
  distinct.
z, CONSONNE, parce que cette lettre ne peut se prononcer seule.

INSTRUCTION. — Voilà pour les voyelles et les consonnes;
quant aux différentes sortes d'*e*, le maître ou le moniteur
fera dire si tel *e* est muet, fermé ou ouvert, et pourquoi.

Dictée.

(Faites souligner les voyelles.)

Tout d'un Dieu créateur atteste le génie. — Dans les plaines du ciel Dieu sema la lumière. — La prière de l'innocence est la plus agréable a Dieu. — Suivez la route de l'équité. — Les méchants seront punis. — La vérité est aimable. — La piété est la source de notre félicité. — Écoutez la voix de l'expérience. — Aimez vos frères et craignez Dieu. — Éloignez le déguisement de votre bouche, et l'artifice de vos lèvres. — L'enfant vertueux est estimé de tout le monde.

Instruction. — Quand chaque élève aura transcrit cette dictée, en ayant eu soin de souligner toutes les voyelles, le maître ou le moniteur demandera à chacun d'eux pourquoi telle lettre est une voyelle ou une consonne, pourquoi tel *e* est muet, fermé ou ouvert. Il faut toujours que l'élève dise le pourquoi des choses. C'est un excellent moyen pour le forcer de bien se souvenir des principes, et pour les graver dans sa mémoire, d'une manière, pour ainsi dire, ineffaçable.

CHAPITRE II.

Y grec ; h muette, aspirée ; accents ; tréma ; cédille ; apostrophe.

V. Grammaire, page 4.

Lecture.

L'hippopotame est le patriarche des fleuves.
Le hérisson sait se *défendre* sans combattre.
Il y a des *pays où* la foudre est inconnue.
Celui qui *honore* son *père* vivra d'*une* longue vie.
L'écureuil est le plus *agréable* des *quadrupèdes.*
L'univers est présidé par l'*Être suprême.*
L'arc-en-ciel est un signe de la *clémence* de Dieu.
Le *charançon dévore* un vaste amas de graines.

Analyse.

hippopotame, la lettre *h* est muette, parce qu'elle est nulle dans la prononciation.
hérisson, la lettre *h* est aspirée, parce qu'elle empêche la

liaison du mot *hérisson* avec le mot *le* qu précède.

défendre, le premier é est surmonté de l'accent aigu, parce que c'est un é fermé.

pays, l'y se prononce comme deux i (pai-is), parce que l'y se trouve placé après une voyelle.

où, l'accent qui surmonte l'u est un accent grave.

honore, la lettre h est muette, parce qu'elle est nulle dans la prononciation.

père, le premier e est surmonté de l'accent grave, parce que c'est un è ouvert.

d'une, pour *de une*; on a supprimé la lettre e, parce que le mot *une* qui suit *de* commence par une voyelle.

écureuil, le premier é est surmonté de l'accent aigu, parce que c'est un é fermé.

agréable, même observation.

quadrupèdes, le premier è est surmonté d'un accent grave, parce que c'est un è ouvert.

arc-en-ciel, le petit signe qui réunit ces trois mots s'appelle trait d'union; on a mis le trait d'union entre ces divers mots, parce qu'ils sont considérés comme liés nécessairement par l'usage.

l'Être, le premier e est surmonté d'un accent circonflexe, parce qu'il indique la suppression d'une lettre; en effet *être* s'écrivait autrefois *estre.*

suprême, le premier ê est surmonté de l'accent circonflexe, parce qu'il y a suppression d'une lettre; on écrivait autrefois *supresme.*

charançon, on a mis une cédille sous le second c, parce que ce dernier est placé devant la voyelle o.

dévore, le premier é est surmonté de l'accent aigu, parce que c'est un é fermé.

Dictée.

(Faites souligner les mots où se trouve un *y*, une *h*, un accent, un tréma, une cédille, une apostrophe ou un trait d'union.)

La promenade est un exercice salutaire *à* la *santé.* — Dieu *prévient* tous nos besoins. — La *fainéantise* produit la *misère.* — Exercez-vous *à* la *piété.* — Le *cygne* a le cou fort long. — L'*hiro*ndelle gazouille. — L'hydrogène s'enflamme dans les airs. — Les *hérons* se nourrissent de reptiles. — *Fuyez* la mauvaise compagnie. — Les *vers-à-soie* nous filent *à* l'en vi de riches *étoffes.* — Le *Caraïbe* a le nez aplati. — La *tempête éclate* et rugit dans les airs. — La monarchie *fran çaise commença* sous Pharamond en l'an

420. — La *ciguë* est une *herbe vénéneuse.* — *L'orge croît* jusqu'au sein de la zone glaciale. — Le ciel est le *trône* de la *Divinité.*

Analyse.

à,	on a mis un accent grave sur ce mot pour le distinguer de *a* de *avoir : il a.*
santé,	l'*é* est surmonté d'un accent aigu, parce que c'est un *é* fermé.
prévient,	le premier *é* est surmonté de l'accent aigu, parce que c'est un *é* fermé.
fainéantise,	même observation.
misère,	le premier *è* est surmonté de l'accent grave, parce que c'est un *é* ouvert.
à,	(voir plus haut).
piété,	les deux *é* sont surmontés de l'accent aigu, parce que ce sont des *é* fermés.
cygne,	l'*y* se prononce comme un *i* simple, parce qu'il est placé après une consonne.
l'hirondelle,	l'*h* est muette, parce qu'elle est nulle dans la prononciation ; on a remplacé l'*a* de *la* par une apostrophe, parce que le mot suivant commence par une *h* muette.
l'hydrogène,	même observation. L'*y* se prononce comme un *i* simple, parce qu'il est après une consonne.
s'enflamme,	pour *se enflamme ;* on a remplacé l'*e* de *se* par l'apostrophe, parce que le mot suivant commence par une voyelle.
les hérons,	l'*h* est aspirée, parce qu'elle empêche la liaison du mot *hérons* avec le mot *les* qui précède.
fuyez,	l'*y* se prononce comme deux *i* (*fui-iez*), parce qu'il est entre deux voyelles.
vers-à-soie,	voir *arc-en-ciel,* dans l'analyse précédente.
à,	voir plus haut.
l'envi,	on a remplacé la lettre finale du premier mot par l'apostrophe, parce que le mot suivant commence par une voyelle.
étoffes,	le premier *é* est surmonté de l'accent aigu, parce que c'est un *é* fermé.
Caraïbe,	l'*i* est surmonté d'un double point, appelé tréma, pour le faire prononcer séparément de la voyelle précédente : *cara-ibe.*
tempête,	le second *ê* est surmonté de l'accent circonflexe, parce qu'il y a suppression d'une lettre ; on écrivait autrefois *tempeste.*
éclate,	le premier *é* est surmonté de l'accent aigu, parce que c'est un *é* fermé.

française,	on a mis une cédille sous le *c*, parce qu'il est devant un *a*, et pour lui donner le son de l's.
commença,	même observation.
ciguë,	on a mis un tréma sur l'*e* pour indiquer que l'*u* doit se prononcér : *cigu-e*; autrement on pourrait prononcer ce mot comme *figue*.
herbe,	l'*h* est muette, parce qu'elle est nulle dans la prononciation : *l'erbe*.
vénéneuse,	les deux premiers *é* sont surmontés de l'accent aigu, parce que ce sont des *é* fermés.
l'orge,	pour *la orge*; on a mis l'apostrophe, parce que le mot *orge* commence par une voyelle.
croît,	l'*i* est surmonté d'un accent circonflexe, parce qu'il y a retranchement d'une lettre; on écrivait autrefois *croist*.
jusqu'au,	pour *jusque au*, apostrophe, parce que le mot *jusque* est suivi d'un mot commençant par une voyelle.
trône,	l'*ô* est surmonté d'un accent circonflexe, parce qu'il y a suppression d'une lettre. On écrivait anciennement *trosne*.
Divinité,	l'*é* est surmonté de l'accent aigu, parce que c'est un *é* fermé.

CHAPITRE III.

DES SYLLABES ET DES MOTS.

V. Grammaire, page 6.

Lecture.

Le monde à nos regards déroule ses merveilles.
La nature offre un spectacle toujours nouveau.
Les cieux racontent la gloire de Dieu.

Analyse.

Le, 1 syllabe; *mon-de*, 2 syllabes; *à*, 1 syllabe; *nos*, 1 syllabe; *re-gards*, 2 syllabes ; *dé-rou-le*, 3 syllabes; *ses*, 1 syllabe; *mer-veil-les*, 3 syllabes. — *La*, 1 syllabe; *na-tu-re*, 3 syllabes; *o-ffre*, 2 syllabes; *un*, 1 syllabe; *spec-ta-cle*, 3 syllabes ; *tou-jours*, 2 syllabes; *nou-veau*, 2 syllabes.— *Les*, 1 syllabe; *cieux*, 1 syllabe; *ra-con-tent*, 3 syllabes; *la*, 1 syllabe; *gloi-re*, 1 syllabe; *de*, 1 syllabe; *Dieu*, 1 syllabe.

Le, *à*, *nos*, *ses*, *la*, *un*, *les*, *cieux*, *la*, *Dieu*, sont des mots d'une syllabe, ou des monosyllabes, parce qu'ils ne forment chacun qu'un son, c'est-à-dire qu'ils se prononcent d'une seule émission de voix.

Monde, regards, déroule, merveilles, nature, offre, spectacle, toujours, nouveau, racontent, gloire, sont des mots de plusieurs syllabes, ou des polysyllabes, parce qu'ils forment chacun plusieurs sons.

La première phrase a 8 mots : *Le | monde | à | nos | regards | déroule | ses | merveilles.*

La deuxième phrase a 7 mots : *La | nature | offre | un | spectacle | toujours | nouveau.*

La troisième phrase a 7 mots : *Les | cieux | racontent | la | gloire | de | Dieu.*

Dictée.

Les montagnes sont la source des fleuves. — Le soleil est la vie du monde.—La terre à nos besoins prodigue ses largesses. — Chaque climat a ses oiseaux bienfaiteurs. — Les montagnes à feu s'allument sur les bords de la mer. — L'atmosphère, en réfléchissant les rayons du soleil, illumine tout le globe. — Les oiseaux célèbrent par leurs chants le lever et le coucher du soleil.

Analyse.

(Faites séparer les mots en syllabes.)

Les — mon-ta-gnes — sont — la — sour-ce — des — fleu-ves.— Le — so-leil — est — la — vie — du — mon-de —La — ter-re—à — nos be-soins — pro-di-gue — ses — lar-ges-ses. — Cha-que — cli-mat — a — ses — oi-seaux — bien-fai-teurs. — Les — mon-ta-gnes — à — feu — s'al-lu-ment — sur — les bords — de — la — mer. — L'at-mo-sphè-re, — en — ré flé-chis-sant les — rai-ions — du so-leil, — i-llu-mi-ne — tout — le —globe.—Les—oi-seaux — cé-lè-brent — par — leurs — chants — le — le-ver — et — le — cou-cher — du — so-leil.

(Faites séparer les mots par un trait vertical.)

1. Les | montagnes | sont | la | source | des | fleuves | 7 mots.
2. Le | soleil | est | la | vie | du | monde | . . . . . 7 mots.
3. La | terre | à | nos | besoins | prodigue | ses | largesses | . . . . 8 mots.
4. Chaque | climat | a | ses | oiseaux | bienfaiteurs | 6 mots.
5. Les | montagnes | à | feu | s' | allument | sur | les | bords | de | la | mer | . . . . 12 mots.
6. L' | atmosphère | en | réfléchissant | les | rayons | du | soleil | illumine | tout | le | globe | . . . . 12 mots.
7. Les | oiseaux | célèbrent | par | leurs | chants | le | lever | et | le | coucher | du | soleil | . . . . . 13 mots.

CHAPITRE IV.

NOM, NOM PROPRE, NOM COMMUN, GENRE.

V. Grammaire, page 8.

Lecture.

Un *jardin*, dans ses *murs*, renferme *l'univers*.
La *fleur* passe vite comme *l'homme*.
L'épine voit éclore et s'éclipser la *rose*.
Le *pavot* dans les *champs* lève sa *tête* altière.
La *colombe* est le plus aimable des *oiseaux*.
Sur les *rives* du *Gange* on voit fleurir *l'ébène*.
La *viande* est peu en *usage* en *Arabie*.
Dans l'*Océanie* le *riz* remplace le *blé*.
Les *habitants* des *Moluques* font *usage* du *bétel*.

Analyse.

jardin,   NOM, parce qu'on peut dire un *grand*, un *petit* jardin ;—NOM COMMUN, parce qu'on peut l'appliquer à tous les jardins ; NOM MASCULIN, parce qu'on peut dire *un* jardin, *le* jardin.

murs,   NOM, parce qu'on peut dire un *grand* mur, un *petit* mur ; COMMUN, parce qu'on peut l'appliquer à tous les murs ; MASCULIN, parce qu'on peut dire *un* mur, *le* mur.

univers,   NOM, parce qu'on peut dire un *charmant* univers ; COMMUN, parce qu'il peut se dire de toute espèce d'univers ; MASCULIN, parce qu'on peut dire *un* univers (1).

fleur,   NOM, parce qu'on peut dire une *petite* fleur, une *belle* fleur ; COMMUN, parce qu'il peut se dire de toutes les fleurs ; FÉMININ, parce qu'on peut dire *la* fleur, *une* fleur.

homme,   NOM, parce qu'on peut dire un *grand*, un *petit* homme ; COMMUN, parce qu'il peut s'appliquer à tous les hommes ; MASCULIN, parce qu'on peut dire *un* homme.

épine,   NOM, parce qu'on peut dire une *petite*, une *grosse* épine ; COMMUN, parce qu'il peut se dire de toutes les épines ; FÉMININ, parce qu'on peut dire *une* épine.

rose,   même observation.

pavot,   NOM, parce qu'on peut dire un *petit*, un *beau* pa-

(1) Voir à la fin de l'ouvrage la décision de la *Société Grammaticale*.

vot; COMMUN, parce qu'il peut se dire de tous les pavots; MASCULIN, parce qu'on peut dire *un* pavot, *le* pavot.

'champs, NOM, parce qu'on peut dire un *petit*, un *grand* champ; COMMUN, parce qu'il peut se dire de tous les champs; MASCULIN, parce qu'on peut dire *un* champ, *le* champ.

tête, NOM, parce qu'on peut dire une tête *ronde*, une tête *ovale*, une tête *chauve*; COMMUN, parce qu'il peut se dire de toutes les têtes; FÉMININ, parce qu'on peut dire *une* tête, *la* tête.

colombe, NOM, parce qu'on peut dire une *jolie* colombe, la *tendre* colombe; COMMUN, parce qu'il peut se dire de toutes les colombes; FÉMININ, parce qu'on peut dire *la* colombe, *une* colombe.

oiseaux, NOM, parce qu'on peut dire un *bel* oiseau, un *petit* oiseau; COMMUN, parce qu'il peut s'appliquer à tous les oiseaux; MASCULIN, parce qu'on peut dire *un* oiseau.

rives, NOM, parce qu'on peut dire les rives *lointaines*, les rives *désertes*; COMMUN, parce qu'on peut l'appliquer à toutes les rives; FÉMININ, parce qu'on peut dire *une* rive, *la* rive.

Gange, NOM, parce qu'on peut dire le Gange *large*, *débordé*, *grossi*; PROPRE, parce qu'il ne convient qu'à un seul fleuve, qu'il sert à distinguer de tous les autres fleuves; MASCULIN, parce qu'on peut dire *le* Gange.

ébène, NOM, parce qu'on peut dire de l'ébène *vert*, *sec*, *dur*, *tendre*, *pesant*, *léger*; COMMUN, parce qu'il peut s'appliquer à tous les ébènes; MASCULIN, parce qu'on peut dire *un* ébène.

viande, NOM, parce qu'on peut dire une viande *délicate*, *savoureuse*, *légère*, *nourrissante*, *indigeste*, *fraîche*, etc.; COMMUN, parce qu'il peut s'attribuer à toutes les viandes; FÉMININ, parce qu'on peut dire *une* viande, *la* viande.

usage, NOM, parce qu'on peut dire un usage *ancien*, *ridicule*, etc.; COMMUN, parce qu'il peut se dire de tous les usages; MASCULIN, parce qu'on peut dire *un* usage, *l'*usage (pour *le* usage).

Arabie, NOM, parce qu'on peut dire l'Arabie *pétrée*, l'*heureuse* Arabie; PROPRE, parce qu'il ne convient qu'à une seule contrée, qu'il sert à distinguer de toutes les autres contrées; FÉMININ, parce qu'on peut dire *une* Arabie, *l'*Arabie (pour *la* Arabie).

Océanie, même analyse.

riz,   NOM, parce qu'on peut dire un riz *bien mûr* ; COMMUN, parce qu'il peut s'attribuer à tous les riz ; MASCULIN, parce qu'on peut dire *un riz, le riz.*

blé,   NOM, parce qu'on peut dire un blé *clair, épais, fort, nourri, vert, mûr, coupé, battu, vanné, petit* blé, etc. ; COMMUN, parce qu'il peut se dire de tous les blés ; MASCULIN, parce qu'on peut dire *le* blé.

habitants,   NOM, parce qu'on peut dire un *heureux* habitant, un *cruel* habitant ; COMMUN, parce qu'il peut s'attribuer à tous les habitants ; MASCULIN, parce qu'on peut dire *un* habitant.

Moluques,   voir plus haut l'analyse du mot *Arabie.*

usage,   voir plus haut l'analyse du mot *blé.*

bétel,   voir *blé.*

Dictée.

La beauté passe et la vertu reste. — On ne commença à faire du verre à Rome que sous Tibère. — L'homme est le roi de la nature. — La lune reçoit toute sa lumière du soleil. — Le bœuf au pas tardif a la force en partage. — La vache donne du lait en grande abondance. — La colombe est le plus aimable des oiseaux. — La crainte du Seigneur est le commencement de la sagesse. — Les Japonais et les Chinois ont les yeux obliques. — Dans la Norwège, on mange le poisson sec en guise de pain. — Les abeilles composent le miel avec le suc des fleurs. — L'ananas est sans contredit le plus délicieux des fruits.

(L'élève doit faire une liste des noms, en indiquant s'ils sont communs ou propres, masculins ou féminins.)

beauté, nom, com., masc.	*colombe*, nom, com., fém.
vertu, nom, com., fém.	*oiseaux*, nom, com., mas.
verre, nom, com., masc.	*crainte*, nom, com., fém.
Rome, nom, prop., fém.	*Seigneur*, nom, com., masc.
Tibère, nom, prop., masc.	*commencement*, nom, com. masc.
homme, nom, com., masc.	*sagesse*, nom, com., fém.
roi, nom, com., masc.	*Japonais*, nom, prop., masc.
nature, nom, com., fém.	*Chinois*, nom, prop., masc.
lune, nom, com., fém.	*yeux*, nom, com., masc.,
lumière, nom, com., fém.	*Norwège*, nom, prop. fém.
soleil, nom, com., masc.	*poisson*, nom, com., masc.
bœuf, nom, com., masc.	*pain*, nom, com., masc.
pas, nom, com., masc.	*abeilles*, nom, com., fém.
force, nom, com., fém.	*miel*, nom, com., masc.
partage, nom, com., masc.	*suc*, nom, com., masc.
vache, nom, com., fém.	*fleurs*, nom, com., fém.
lait, nom, com., masc.	*ananas*, nom, com., masc.
abondance, nom, com., fém.	*fruits*, nom, com., masc.

1.

Instruction. — Cet exercice terminé, l'instituteur ou le moniteur pourra demander pourquoi tel mot est un *nom*; pourquoi ce nom est *commun* ou *propre*; enfin pourquoi il est *masculin* ou *féminin*.

CHAPITRE V.

FORMATION DU FÉMININ DANS LES NOMS QUI ONT UN FÉMININ CORRESPONDANT.

V. Grammaire, page 10.

Lecture.

Une *Spartiate* mariée sortait toujours voilée.
La *jardinière* à ces mots fut glacée d'effroi.
L'*ânesse* a la voix plus claire que l'âne.
La nature est une *bienfaitrice* inépuisable.
L'*institutrice* doit se considérer comme la mère des enfants.

Analyse.

Spartiate, nom com. fém., ne change pas de terminaison: on dit *un Spartiate* et *une Spartiate.*

jardinière, nom com. fém. formé du masculin *jardinier*, par l'addition d'un *e* muet à la terminaison.

ânesse, nom com. fém., formé de *âne*, par le changement de l'*e* en *esse.*

bienfaitrice, nom com. fém. formé de *bienfaiteur*, par le changement de *eur* en *rice*, et non en *euse*, parce qu'on ne peut pas changer *eur* en *ant*, et dire *bienfaisant.*

institutrice, nom com. fém. formé de *instituteur* par le changement d'*eur* en *rice*, et non en *euse*, parce qu'on ne peut pas changer *eur* en *ant*, et dire *instituant.*

Dictée.

Un orphelin — un gourmand — un bourgeois — un ami — un Allemand — un babillard — un laitier — un nain — un méchant — un meunier — un maître — un apprenti — un pâtissier — un confiseur — un épicier — un boucher — un charcutier — un brasseur — un aubergiste — un hôte — un cabaretier — un blanchisseur — un teinturier

— un coiffeur — un perruquier — un chapelier — un cordonnier — un messager — un instituteur — un marchand — un poitrinaire — un nègre — un ogre — un magicien — un parisien — un voyageur — un pleureur — un conteur — un joueur — un fondateur — un calomniateur — un ambitieux — un boiteux — un fièvreux.

(Faire mettre au féminin les noms précédents.)

un orphelin,	*une orpheline.*	un teinturier,	*une teinturière.*
un gourmand,	*une gourmande.*	un coiffeur,	*une coiffeuse.*
un bourgeois,	*une bourgeoise.*	un perruquier,	*une perruquière.*
un ami,	*une amie.*	un chapelier,	*une chapelière.*
un Allemand,	*une Allemande.*	un cordonnier,	*une cordonnière.*
un babillard,	*une babillarde.*	un messager,	*une messagère.*
un laitier,	*une laitière.*	un instituteur,	*une institutrice.*
un nain,	*une naine.*	un marchand,	*une marchande,*
un méchant,	*une méchante.*	un poitrinaire,	*une poitrinaire.*
un meunier,	*une meunière.*	un nègre,	*une négresse.*
un maître,	*une maîtresse.*	un ogre,	*une ogresse.*
un apprenti.	*une apprentie.*	un magicien,	*une magicienne.*
un pâtissier,	*une pâtissière.*	un Parisien,	*une Parisienne.*
un confiseur,	*une confiseuse.*	un voyageur,	*une voyageuse.*
un épicier,	*une épicière.*	un pleureur,	*une pleureuse.*
un boucher,	*une bouchère.*	un conteur,	*une conteuse.*
un charcutier,	*une charcutière.*	un joueur.	*une joueuse.*
un brasseur,	*une brasseuse.*	un fondateur,	*une fondatrice.*
un aubergiste,	*une aubergiste.*	un calomniateur,	*une calomniatrice.*
un hôte,	*une hôtesse.*	un ambitieux,	*une ambitieuse.*
un cabaretier,	*une cabaretière.*	un boiteux,	*une boiteuse.*
un blanchisseur,	*une blanchisseuse.*	un fièvreux.	*une fièvreuse.*

INSTRUCTION. Cet exercice terminé, le maître ou le moniteur pourra demander d'après quelle règle a été formé le féminin de tel ou tel de ces noms.

CHAPITRE VI.

DU NOMBRE DANS LES NOMS. — FORMATION DU PLURIEL.

V. Grammaire, page 12.

Lecture.

Les *conseils* du courroux sont toujours imprudents.
Toutes les *vérités* ne sont pas bonnes à dire.
Les *abus* deviennent souvent des *lois*.
Les *rhinocéros* sont intraitables.
Les *oiseaux* servent à réjouir l'homme par leurs *chants*.
Les *dieux* tiennent entre leurs *mains* le sort des *hommes*.

Les *choux* de Strasbourg sont renommés.
Les *métaux* sont arrachés des entrailles de la terre.
Les *bambous* du Gange s'élèvent à plus de cent *pieds* de hauteur.

Analyse.

conseils,   nom com. masc. plur. On écrit *un conseil* et *des conseils*, en mettant une *s* à ce dernier, parce qu'en général, pour former le pluriel des noms, on ajoute une *s* à la terminaison.

vérités,   nom com. fém. plur. Même analyse.

abus,   nom com. masc. plur. On écrit *un abus* et *des abus*, parce que les noms terminés par *s* ne changent pas de terminaison au pluriel.

lois,   nom com. fém. plur. Même analyse que pour *vérités*.

rhinocéros,   nom com. masc. plur. Même analyse que pour *abus*.

oiseaux,   nom com. masc. plur. On écrit *un oiseau* et *des oiseaux*, parce que les noms terminés par *eau* prennent une *x* au pluriel.

dieux,   nom com. masc. plur. On écrit *un dieu* et *des dieux*, en mettant une *x* à la fin de ce dernier, parce que les noms terminés par *eu* prennent une *x* au pluriel.

chants,   nom com. masc. plur. Même analyse que pour *conseils*.

choux,   nom com. mas. plur. On écrit *un chou* et *des choux*, en mettant un *x* à ce dernier, contrairement à la règle générale.

métaux,   nom com. masc. plur. On écrit *un métal* et *des métaux*, parce que le pluriel de la plupart des noms en *al* se forme par le changement de *al* en *aux*.

bambous,   nom com. masc. plur. Même analyse que pour *conseils*.

pieds,   nom com. masc. plur. Même analyse que pour *conseils*.

Dictée.

Une fleur — une mouche — un clou — un tilleul — un soldat — un œuf — un jardin — un ami — un acacia — un écu — une maison — une rose — un hortensia — un coucou — un chevreuil — une araignée — un coq — un tableau — un taureau — un bateau — un essieu — un château — un cheveu — un hameau — un caveau — un hoyau — un drapeau — un local — un bocal — un tribunal — un chacal — un vassal — un hôpital — un abcès — un procès — un palais — un hibou — un caillou — un bambou.

(Faites mettre les noms précédents au pluriel.)

une fleur,	des fleurs.	un essieu,	des essieux.
une mouche,	des mouches.	un château,	des châteaux.
un clou,	des clous.	un cheveu,	des cheveux.
un tilleul,	des tilleuls.	un hameau,	des hameaux.
un soldat,	des soldats.	un caveau,	des caveaux.
un œuf,	des œufs.	un hoyau,	des hoyaux.
un jardin,	des jardins.	un drapeau,	des drapeaux.
un ami,	des amis.	un local,	des locaux.
un acacia,	des acacias.	un bocal,	des bocaux.
un écu,	des écus.	un tribunal,	des tribunaux.
une maison,	des maisons.	un chacal,	des chacals.
une rose,	des roses.	un vassal,	des vassaux.
un hortensia,	des hortensias.	un hôpital,	des hôpitaux.
un coucou,	des coucous.	un abcès,	des abcès.
un chevreuil,	des chevreuils.	un procès,	des procès.
une araignée,	des araignées.	un palais,	des palais.
un coq,	des coqs.	un hibou,	des hiboux.
un tableau,	des tableaux.	un caillou,	des cailloux.
un taureau,	des taureaux.	un bambou,	des bambous.
un bateau,	des bateaux.		

INSTRUCTION. L'instituteur ou le moniteur pourra demander d'après quelle règle se forme le pluriel de tel ou tel nom.

CHAPITRE VII.

DE L'ARTICLE. — ARTICLE SIMPLE. — ARTICLE CONTRACTÉ.

V. Grammaire, page 14.

La lune semble partager avec *le* soleil *le* soin de nous éclairer.
Les montagnes sont *la* source *des* fleuves.
On fabrique *du* papier avec *la* pulpe de betteraves.
On creuse *des* chambres dans *le* tronc *du* boabab.
On fait un grand usage de *l'*alun dans *la* teinture.
La sécheresse est nuisible à *l'*herbe.
La gelée est nuisible *aux* fleurs.

Analyse.

la lune,	l'article simple féminin singulier *la* fait connaître que le nom *lune* est du féminin et au singulier.
le soleil,	l'article simple masculin singulier *le* fait con-

	naître que le mot *soleil* est du masculin et au singulier.
le soin,	même analyse.
les montagnes,	l'article simple pluriel *les* fait connaître que le mot *montagnes* est au pluriel.
la source,	l'article simple féminin singulier *la* fait connaître que le mot *source* est du féminin et au singulier.
des fleuves,	l'article contracté *des* pour *de les* fait connaître que le mot *fleuves* est au pluriel.
du papier,	l'article contracté *du* pour *de le* fait connaître que le mot *papier* est du masculin et au singulier. On a mis *du*, et non *de l'*, parce que le mot *papier* commence par une consonne.
la pulpe,	l'article simple féminin singulier *la* fait connaître que le mot *pulpe* est du féminin et au singulier.
des chambres,	l'article contracté *des* pour *de les* fait connaître que le mot *chambres* est au pluriel.
le tronc,	l'article simple masculin singulier *le* fait connaître que le mot *tronc* est du masculin et au singulier.
du boabab,	l'article contracté *du* pour *de le* fait connaître que le mot *boabab* est du masculin et au singulier. On a mis *du*, et non *de l'*, parce que le mot *boabab* commence par une consonne.
de l'alun,	pour *de le alun*. On a remplacé l'*e* de *le* par l'apostrophe, parce que le mot *alun* commence par une voyelle. C'est aussi pour cette raison que l'article ne se contracte pas.
la teinture,	l'article simple féminin singulier *la* fait connaître que le mot *teinture* est du féminin et au singulier.
la sécheresse,	même analyse.
à l'herbe,	pour *à la herbe*. On a remplacé la lettre finale de *la* par l'apostrophe, parce que le mot *herbe* commence par une *h* muette.
la gelée,	l'article simple féminin singulier *la* fait connaître que le mot *gelée* est du féminin et au singulier. L'*a* ne s'élide pas, parce que le mot *gelée* commence par une consonne.
aux fleurs,	pour *à les*. On a contracté l'article, parce que l'article se contracte avec *à* devant tous les noms pluriels.

Dictée.

Aiguille — orfèvre — intrigant — herbe — hospice. — agneau — hirondelle — rivière — montagne — campagne

— jardin — papier — plume — parfum — chaumière — fontaine — éléphant — hibou — pavillon — chardonneret — abeille — oseille — hydrogène — écureuil — hanneton — hangar — hospitalité — humeur — ombrage — groseillier — champignon — fraise — framboise — pomme — fruit — hérisson — loup — chèvre — camomille — huppe — pinson.

(Faites mettre les articles simples.)

l'aiguille.	la chaumière,	l'ombrage.
l'orfèvre.	la fontaine.	le groseillier.
l'intrigant.	l'éléphant.	le champignon.
l'herbe.	le hibou.	la fraise.
l'hospice.	le pavillon.	la framboise.
l'agneau.	le chardonneret.	la pomme.
l'hirondelle.	l'abeille.	le fruit.
la rivière.	l'oseille.	le hérisson.
la montagne.	l'hidrogène.	le loup.
la campagne.	l'écureuil.	la chèvre.
le jardin.	le hanneton.	la camomille.
le papier.	le hangar.	la huppe.
la plume.	l'hospitalité.	
le parfum.	l'humeur.	

(Faites mettre la préposition à.)

à l'aiguille.	à la chaumière.	à l'ombrage.
à l'orfèvre.	à la fontaine,	au groseillier.
à l'intrigant.	à l'éléphant.	au champignon.
à l'herbe.	au hibou.	à la fraise.
à l'hospice.	au pavillon.	à la framboise.
à l'agneau.	au chardonneret.	à la pomme.
à l'hirondelle.	à l'abeille.	au fruit.
à la rivière.	à l'oseille.	au hérisson.
à la montagne.	à l'hydrogène.	au loup.
à la campagne.	à l'écureuil.	à la chèvre.
au jardin.	au hanneton.	a la camomille.
au papier.	au hangar,	à la huppe.
à la plume.	à l'hospitalité.	
au parfum.	à l'humeur.	

(Faites mettre la préposition de.)

de l'aiguille.	de l'agneau.	du jardin.
de l'orfèvre.	de l'hirondelle.	du papier.
de l'intrigant.	de la rivière,	de la plume.
de l'herbe.	de la montagne.	du parfum.
de l'hospice,	de la campagne.	de la chaumière.

de la fontaine.	*du* hanneton.	*de la* pomme.
*de l'*éléphant.	*du* hangar.	*du* fruit.
du hibou.	*de l'*hospitalité.	*du* hérisson.
du pavillon.	*de l'*humeur.	*du* loup.
du chardonneret.	*de l'*ombrage.	*de la* chèvre.
*de l'*abeille.	*du* groseillier.	*de la* camomille.
*de l'*oseille.	*du* champignon.	*de la* huppe.
*de l'*hydrogène.	*de la* fraise.	
*de l'*écureuil.	*de la* framboise.	

(Faites mettre au pluriel.)

les aiguilles.	*les* chaumières.	*les* ombrages.
les orfèvres.	*les* fontaines.	*les* groseilliers.
les intrigants.	*les* éléphants.	*les* champignons.
les herbes.	*les* hiboux.	*les* fraises.
les hospices.	*les* pavillons.	*les* framboises.
les agneaux.	*les* chardonnerets.	*les* pommes.
les hirondelles.	*les* abeilles.	*les* fruits.
les rivières.	*les* oseilles.	*les* hérissons.
les montagnes.	*les* hydrogènes.	*les* loups.
les campagnes.	*les* écureuils.	*les* chèvres.
les jardins.	*les* hannetons.	*les* camomilles.
les papiers.	*les* hangars.	*les* huppes.
les plumes.	*les* hospitalités.	
les parfums.	*les* humeurs.	

(Faites mettre la préposition *à*.)

aux aiguilles.	*aux* papiers.	*aux* hydrogènes.
aux orfèvres.	*aux* plumes.	*aux* champignons.
aux intrigants.	*aux* abeilles.	*aux* fraises.
aux jardins.	*aux* oseilles.	*aux* framboises.
etc.	etc.	etc.

(Faites mettre la préposition *de*.)

des aiguilles.	*des* papiers.	*des* hydrogènes.
des orfèvres.	*des* plumes.	*des* champignons.
des intrigants.	*des* abeilles.	*des* fraises.
des jardins.	*des* oseilles.	*des* framboises.
etc.	etc.	etc.

INSTRUCTION. Le maître ou le moniteur pourra demander pourquoi l'article se contracte ou ne se contracte pas devant tel ou tel mot.

CHAPITRE VIII.

DE L'ADJECTIF. — ADJECTIF QUALIFICATIF. — GENRE. —
NOMBRE.

V. Grammaire, page 16.

L'homme *sage* met sa confiance en Dieu.
La religion *chrétienne* a pour objet notre félicité éternelle.
La *véritable* sagesse réside en Dieu.
Faites un *bon* usage du temps.
Le *vrai* repos dépend d'une conscience *pure*.
Les *bons* conseils peuvent ramener à la vertu.

Analyse.

sage,   adjectif, parce qu'il qualifie le nom *homme*. On reconnaît que c'est un adjectif, parce qu'on peut dire une *personne* sage ; c'est un adjectif qualificatif, parce qu'il exprime une qualité qu'on attribue au mot *homme ;* il est masculin et au singulier, parce qu'il qualifie le mot *homme*, qui est du masculin et au singulier.

chrétienne, adjectif qualificatif féminin singulier, parce qu'il qualifie le mot *religion*, qui est du féminin et au singulier.

éternelle,   adj. qual. fém. sing., parce qu'il qualifie le mot *félicité*, qui est du féminin et au singulier.

véritable,   adj. qual. fém. sing., parce qu'il qualifie le nom *sagesse*, qui est du féminin et au singulier.

bon,   adj. qual. masc. sing., parce qu'il qualifie le mot *usage*, qui est du masculin et au singulier.

vrai,   adj. qual. masc. sing., parce qu'il qualifie le mot *repos*, qui est du masculin et au singulier.

pure,   adj. qual. fém. sing., parce qu'il qualifie le mot *conscience*, qui est du féminin et au singulier.

bons,   adj. qual. masc. plur., parce qu'il qualifie le mot *conseils*, qui est du masculin et au pluriel.

Dictée.

Notre corps est mortel et notre âme immortelle. — Des sources bouillantes jaillissent de la terre. — De bruyantes cataractes se précipitent du sommet des montagnes. — Le soleil sur les monts cuit la grappe dorée. — Des eaux pures et abondantes jaillissent des hautes montagnes. — La flamme en jets brillants s'élance dans les airs. — L'idée d'un Dieu est la plus belle parure de l'univers. — Le soleil est un million de fois plus gros que la terre. — Dans l'océan des airs l'affreux orage gronde. — La foudre étincelante éclate dans les nues. — L'or est jaune, l'argent est blanc. — Le platine est le plus pesant des métaux. — Le dindon est le plus savoureux de nos oiseaux domestiques. — Tous les champignons ne sont pas comestibles. — Les géants sont grêles, effilés, débiles et très-minces. — Les nègres ont les cheveux laineux. — Les races mongoles ont les jambes raccourcies. — Tout porte la marque divine dans l'univers. — Les douces rosées rafraîchissent les airs. — La nouvelle lune était jadis annoncée par le bruit des trompettes. — La barbe est tardive et en petite quantité chez les Mongols.

(Faites faire une liste de tous les adjectifs qualificatifs, avec l'indication de leur genre et de leur nombre.)

mortel, adj. masc. sing.
immortelle, adj. fém. sing.
bouillantes, adj. fém. plur.
bruyantes, adj. fém. plur.
dorée, adj. fém. sing.
pures, adj. fém. plur.
abondantes, adj. fém. plur.
hautes, adj. fém. plur.
brillantes, adj. fém. plur.
belle, adj. fém. sing.
gros, adj. masc. sing.
affreux, adj. masc. sing.
étincelante, adj. fém. sing.
jaune, adj. masc. sing.
blanc, adj. masc. sing.
pesant, adj. masc. sing.

savoureux, adj. masc. sing.
domestiques, adj. masc. plur.
comestibles, adj. masc. plur.
grêles, adj. masc. plur.
effilés, adj. masc. plur.
débiles, adj. masc. plur.
minces, adj. fém. plur.
laineux, adj. masc. plur.
mongoles, adj. fém. plur.
raccourcies, adj. fém. plur.
divine, adj. fém. sing.
douces, adj. fém. plur.
nouvelle, adj. fém. sing.
tardive, adj. fém. sing.
petite, adj. fém. sing.

INSTRUCTION. Le maître ou le moniteur pourra demander 1° comment on reconnaît que tel mot est un adjectif; 2° pourquoi cet adjectif est qualificatif; 3° quel est le mot qu'il qualifie et avec lequel il s'accorde en genre et en nombre.

CHAPITRE IX.

FORMATION DU FÉMININ DANS LES ADJECTIFS.

V. Grammaire, p. 18.

Lecture.

Sans l'estime, il n'est point de *solide* amitié.
La vertu *malheureuse* en est plus *respectable*.

Tout artiste est jaloux d'une gloire *immortelle*.
Une mémoire *active* et *fidèle* double la vie.
Les Circassiennes ont la peau *blanche*.

Analyse.

solide,   adjectif qualificatif féminin singulier, qualifie *amitié*. On dit *un bonheur solide* et *une solide amitié*. L'adjectif *solide* ne change pas de terminaison au féminin, parce qu'il est terminé par un *e* muet ; c'est un adjectif de tout genre.

malheureuse,   adj. qual. fém. sing., qualifie *vertu*. On dit *un événement malheureux*, et *une vertu malheureuse*, parce que le féminin des adjectifs terminés au singulier par *x* se forme par le changement d'*x* en *se*.

respectable,   même analyse que pour *solide*.

immortelle,   adj. qual. fém. sing., qualifie *gloire*. Il prend deux *ll* et un *e* au féminin, parce que le féminin des adjectifs terminés par *el* se forme en doublant la consonne finale et en ajoutant un *e* muet à la terminaison.

active,   adj. qual. fém. sing., qualifie *mémoire*. On dit au masculin *actif*, et au féminin *active*, parce que le féminin des adjectifs terminés par *f* se forme par le changement de *f* en *ve*.

fidèle,   même analyse que pour *solide*.

blanche,   adj. qual. fém. sing., qualifie *peau*. Il fait au masculin *blanc*. Son féminin est irrégulier.

Dictée.

Profond — plat — pointu — droit — vert — noir — patient — diligent — grenu — rond — transparent — touffu — ennuyeux — dangereux — jaloux — paresseux — heureux — laborieux — hideux — hargneux — furieux — peureux — superstitieux — craintif — natif — rétif — vindicatif — communicatif — attentif — captif — expéditif — maladif — oisif — pensif — rébarbatif — flatteur — trompeur — menteur — accusateur — approbateur — dominateur — scrutateur — vengeur — meilleur — antérieur — bon — formel — mutuel — solennel — muet — épais — moyen — net — gras — gros — las — quotidien — essentiel — sujet — ancien — grec.

(Faites mettre tous ces adjectifs au féminin.)

profond,	*profonde.*	droit,	*droite.*
plat,	*plate.*	vert.	*verte.*
pointu.	*pointue.*	noir.	*noire.*

patient,	*patiente.*	rébarbatif,	*rébarbative.*
diligent,	*diligente.*	flatteur,	*flatteuse.*
grenu,	*grenue.*	trompeur,	*trompeuse.*
rond,	*ronde.*	menteur,	*menteuse.*
transparent,	*transparente.*	accusateur,	*accusatrice.*
touffu,	*touffue.*	approbateur,	*approbatrice.*
ennuyeux,	*ennuyeuse.*	dominateur,	*dominatrice.*
dangereux,	*dangereuse.*	scrutateur,	*scrutatrice,*
jaloux,	*jalouse.*	vengeur,	*vengeresse.*
paresseux,	*paresseuse.*	meilleur,	*meilleure.*
heureux,	*heureuse.*	antérieur,	*antérieure.*
laborieux,	*laborieuse.*	bon,	*bonne.*
hideux,	*hideuse.*	formel,	*formelle.*
hargneux,	*hargneuse.*	mutuel,	*mutuelle.*
furieux,	*furieuse.*	solennel,	*solennelle.*
peureux,	*peureuse.*	muet,	*muette.*
superstitieux,	*superstitieuse.*	épais,	*épaisse.*
craintif,	*craintive.*	mitoyen,	*mitoyenne.*
natif,	*native.*	net,	*nette.*
rétif,	*rétive.*	gras,	*grasse.*
vindicatif,	*vindicative.*	gros,	*grosse.*
communicatif,	*communicative.*	las,	*lasse.*
attentif,	*attentive.*	quotidien,	*quotidienne.*
captif,	*captive.*	essentiel,	*essentielle.*
expéditif,	*expéditive.*	sujet,	*sujette.*
maladif,	*maladive.*	ancien,	*ancienne.*
oisif,	*oisive.*	grec,	*grecque.*
pensif,	*pensive.*		

INSTRUCTION. Le maître ou le moniteur pourra demander quelles sont les règles d'après lesquelles se forme le féminin des adjectifs précités. Il pourrait aussi faire mettre un nom devant ou après chaque adjectif, tant au masculin qu'au féminin. Exemple : *Un profond abîme, une profonde obscurité.*

CHAPITRE X.

FORMATION DU PLURIEL DANS LES ADJECTIFS.

V. Grammaire, p. 20.

Lecture.

Les *bonnes* œuvres trouvent toujours leur récompense.
Par d'*illustres* efforts les *grands* cœurs se connaissent.
Les *grandes* pensées viennent du cœur.
Hélas ! aux gens *heureux* la plainte est importune.
La fable offre à l'esprit mille agréments *divers.*
Les fruits sont *mauvais* pour de certains estomacs.
Le pain est le *meilleur* de tous les aliments *végétaux.*

L'oranger borde de ses fruits *dorés* les rivages *méridionaux* de l'Europe.

Analyse.

bonnes, adjectif qualificatif féminin pluriel, qualifie *œuvres*. Il fait *bonne* au singulier, et prend une *s* au pluriel, d'après la règle générale.

illustres, adj. qual. masc. plur., qualifie *efforts*. Il prend une *s* au pluriel, d'après la règle générale.

grands, adj. qual. masc. plur., qualifie *cœurs*. Il prend une *s* au pluriel, d'après la règle générale.

grandes, adj. qual. fém. plur., qualifie *pensées*. Il prend une *s* au plur., d'après la règle générale.

heureux, adj. qual. masc. plur., qualifie *gens*. Il ne change pas de terminaison au pluriel, parce qu'il est terminé par *x*.

divers, adj. qual. masc. plur., qualifie *agréments*. Il ne change pas de terminaison au pluriel, parce qu'il est terminé par *s*.

mauvais, adj. qual. masc. plur., qualifie *fruits*. Il ne change pas de terminaison au pluriel, parce qu'il est terminé par *s*.

végétaux, adj. qual. masc. plur., qualifie *aliments*. Il est du nombre des adjectifs qui changent au pluriel *al* en *aux*.

dorés, adj. qual. masc. plur., qualifie *fruits*. Il prend une *s* au pluriel, d'après la règle générale.

méridionaux, adj. qual. masc. plur., qualifie *rivages*. Il est du nombre des adjectifs qui changent au pluriel *al* en *aux*.

Dictée.

(Expressions mises au pluriel.)

Des fils ingrats — des ondes pures — des discours ambigus — des mouvements spontanés — des officiers supérieurs — de belles prières — de grandes maisons — des champs fertiles — des récoltes abondantes — des pierres précieuses — des travaux pénibles — de grands choux — des oiseaux voraces — de prompts secours — de petites chaumières — des succès douteux — de vieux tapis — des bras nerveux — des draps gris — des fils soumis — des avis judicieux — des rubis précieux — des terrains pierreux — des bœufs gros et gras — des enfants capricieux — des murs épais — des hommes brutaux — des terrains inégaux — des princes libéraux — des adjectifs numéraux — des termes grammaticaux — des sirops pectoraux — des verbes anormaux — des ornements archiépiscopaux — des signes austraux — des fours banals — des points cardinaux — des péchés capitaux — des héritiers collatéraux — des fruits coloniaux — des usages locaux — des préceptes moraux — des peuples orientaux — des offices vénals — des douleurs aiguës — des réponses ambiguës — des pays natals — des hommes pieux — des fruits délicieux — des vents glacials — des œufs frais — de gros arbres — de meilleurs conseils — de francs étourdis — de longues tables — d'anciens usages — de faux témoins — des cérémonies publiques — de beaux tableaux — des habits bleus. — des gardes nationaux — des gardes municipaux.

Instruction. Le maître ou le moniteur pourra demander d'après quelles règles se forme le pluriel des adjectifs précités.

CHAPITRE XI.

ADJECTIFS DÉMONSTRATIFS. — ADJECTIFS NUMÉRAUX.

V. Grammaire, page 22.

Lecture.

Voyez *cette mouche* qui voltige autour de la lampe.
Ce héros expiré n'a laissé dans mes bras qu'un corps
   défiguré.
Il convie aux forfaits *cette horde* d'assassins.
Cet arbre a été respecté de la foudre.
Ces juges iniques condamnèrent Socrate à boire la
   ciguë.
Oh ! comme *ces violettes* sentent bon !
Un sou, quand il est assuré, vaut mieux que cinq en
   espérance.
Deux avis valent mieux qu'*un*.
Vingt-quatre livres de pain blanc valaient autrefois
   un *denier* d'argent.
L'intolérance doit être mise au rang des *sept péchés*
   mortels.
Le chêne ne porte que *deux* ou *trois* glands réunis ensemble.

Analyse.

cette,	adjectif démonstratif féminin singulier, détermine le nom *mouche*, en y ajoutant une idée d'indication, c'est-à-dire l'idée d'être présente à nos yeux.
ce,	adj. démonstr. masc. sing., détermine *héros*. On dit *ce*, et non *cet*, parce que le mot suivant, *héros*, commence par une *h* aspirée.
cette,	adj. démonstr. fém. sing., détermine *horde*.
cet,	adj. démonstr. masc. sing., détermine *arbre*. On dit *cet*, et non *ce*, parce que le mot *arbre* commence par une voyelle.
ces,	adj. démonstr. masc. plur., détermine *juges*.
ces,	adj. démonstr. fém. plur., détermine *violettes*.
un,	adj. numéral masc. sing., détermine *sou*, en y ajoutant une idée de nombre. C'est un adjectif cardinal, parce qu'il indique la quantité numérique.
deux,	adj. numér. cardinal masc. plur., déterm. *avis*.
vingt-quatre,	adj. numéraux cardinaux, fém. plur., détermine *livres*.
un,	adj. numér. card., masc. sing., déterm. *denier*.
sept,	adj. numér. card., masc. plur., déterm. *péchés*.
deux,	adj. numér. card., masc. plur., déterm. *glands*.
trois,	même analyse.

Dictée.

(Les adjectifs démonstratifs sont placés devant chaque nom.)

Cet homme — *ce* parent — *ce* voisin — *ce* hameau — *cette* statue — *ce* livret — *cette* espérance — *cette* vertu — *cette* récompense — *ces* combats — *cette* habitude — *cette* humiliation — *cette* épreuve — *ce* courage — *cet* esprit — *ces* mœurs — *ce* caractère — *cette* perte — *cette* source — *cet* hortensia — *ce* héros — *cette* hérésie — *ce* hanneton — *cette* haie — *cette* haine — *ces* arbres — *ces* fleuves — *ces* vallons — *ce* rosier — *cet* honneur — *cette* hache — *cet* hypocrite — *cet* abricotier — *ces* tulipes — *cette* hutte — *ces* orangers — *ces* paysans — *cet* état — *cette* prairie.

Instruction. Le maître ou le moniteur pourra demander pourquoi on a mis *cet* ou *ce* devant tel ou tel mot. Il pourra également faire faire la dictée suivante sur les adjectifs numéraux, car le défaut d'espace ne nous a pas permis d'en mettre une dans la grammaire.

Dictée.

(L'élève devra mettre en lettres ce qui est en chiffres, et avoir égard au nombre que doit prendre le nom.)

2 apprentis — 1 maître — 30 ouvriers — 5 moulins — 40 cuillers — 100 assiettes — 18 fourchettes — 500 soldats — 300 canons — 6 couteaux — 3 verres — 60 timbales — 12 gobelets — 21 bouteilles — 86 serviettes — 15 tapis — 14 chaises — 50 fauteuils — 450 lits — 25 paillasses — 13 matelas — 55 chemises — 4 cravates — 1 pantalon — 40 mouchoirs — 10 paire de bas — 2 gilets — 1,000 bœufs — 70 moutons — 75 brebis — 95 vaches — 106 perdrix — 27 paysans — 40,000 villages — 12,000 fermiers.

CHAPITRE XII.

ADJECTIFS POSSESSIFS. — ADJECTIFS INDÉFINIS.

V. Grammaire, p. 24.

Lecture.

Les femmes font le charme de *nos* sociétés.

La mort est *notre* retour vers Dieu, qui est bon.

Les nègres de Mozambique aiguisent *leurs* dents avec une lime.

Chaque climat a *ses* oiseaux bienfaiteurs.

L'âge diminue beaucoup *nos* agréments.

L'aïeul rit à *son* fils et bégaie avec lui les mots de *son* enfance.

Tout homme est sujet à la mort.

En *toute* chose il faut considérer la fin.

En *tous* pays tous les bons cœurs sont frères.

Chaque homme a son génie.

Chaque condition a ses dégoûts.

Nul homme n'est heureux; *nulle* chose ne peut le rendre tel.

Aucun chemin de fleurs ne conduit à la gloire.

On méprise ceux qui n'ont *aucune* vertu.

Quel bras vous suspendit, innombrables étoiles?

nos,	adj. possessif fém. plur., détermine *sociétés.*
notre,	adj. poss. masc. sing., déterm. *retour.*
leurs,	adj. poss. fém. plur., déterm. *dents.*
ses,	adj. poss. masc. plur., déterm. *oiseaux.*
nos,	adj. poss. masc. plur., déterm. *agréments.*
son,	adj. poss. masc. sing., déterm. *fils.*

son, adj. poss. fém. sing., déterm. *enfance.* On a mis *son,* et non *sa,* parce que le mot *enfance* commence par une voyelle.

tout, adj. indéfini masc. sing., déterm. *homme.*

toute, adj. indéf. fém. sing., déterm. *chose.*

tous, adj. indéf. masc. plur., déterm. *pays.*

chaque, adj. indéf. fém. sing., déterm. *condition.*

nul, adj. indéf. masc. sing., déterm. *homme.*

nulle, adj. indéf. fém. sing., déterm. *chose.*

aucun, adj. indéf. masc. sing., déterm. *chemin.*

aucune, adj. indéf. fém. sing., déterm. *vertu.*

quel, adj. indéf. masc. sing., déterm. *bras.*

Dictée.

(Avec *mon, ma, mes,* qu'on pourra faire remplacer par *ton, ta, tes, son, sa, ses.*)

Mon habit. — *Mes* qualités. — *Mes* défauts. — *Mes* vices. — *Ma* vertu. — *Mon* manteau. — *Mon* patrimoine. — *Mon* héritage. — *Mon* champ. — *Ma* propriété. — *Ma* haie. — *Mon* enclos. — *Ma* forêt. — *Mes* limites. — *Mes* bornes. — *Mon* jardin. — *Mon* potager. — *Mon* hanneton. — *Mon* honneur. — *Mes* soldats. — *Mon* ennemi. — *Mes* enfants. — *Mon* âge. — *Ma* condition. — *Ma* position. — *Ma* société. — *Ma* compagnie. — *Mon* armée. — *Mes* drapeaux. — *Ma* moisson. — *Mes* arbres. — *Mes* hallebardes. — *Mes* betteraves. — *Mes* artichauts. — *Mes* légumes. — *Mes* aliments. — *Ma* nourriture. — *Mes* caprices. — *Mon* humeur.

(Avec les adjectifs indéfinis.)

Chaque habit. — *Plusieurs* qualités. — *Quelques* défauts. — *Certains* vices. — *Telle* vertu. — *Quel* manteau. — *Certain* patrimoine. — *Nul* héritage. — *Nul* champ. — *Nulle* propriété. — *Aucune* haie. — *Aucun* enclos. — *Aucune* forêt. — *Certaines* limites. — *Certaines* bornes. — *Tout* jardin. — *Tout* potager. — *Quelque* hanneton. — *Aucun* honneur. — *Plusieurs* soldats. — *Tout* ennemi. — *Quels* enfants. — *Chaque* âge. — *Chaque* condition. — *Quelle* position. — *Telle* société. — *Nulle* compagnie. — *Nulle* armée. — *Plusieurs* drapeaux. — *Toute* moisson. — *Quelques* arbres. — *Plusieurs* hallebardes. — *Quelques* betteraves. — *Plusieurs* artichauts. — *Certains* légumes. — *Quels* aliments. — *Aucune* nourriture. — *Certains* caprices. — *Aucune* humeur.

2

CHAPITRE XIII.

PRONOMS. — PRONOMS PERSONNELS.

V. Grammaire, p. 25.

Lecture.

Les Grecs ont recouvré la liberté qu'*ils* avaient perdue.

Jésus-Christ a prié pour les ennemis qui *l*'ont persécuté.

Tout homme doit savoir oublier l'injure qu'*il* a reçue.

Fais aux autres ce que *tu* voudrais qu'*ils* fissent pour *toi*.

Le chrétien dit: *je* pardonne de bon cœur à mes ennemis.

Les merveilles de la nature *nous* frappent d'admiration.

Analyse.

Ils, pronom personnel, 3e person. du masc. plur., se rapporte à *Grecs*.

Le, pron. pers., 3e pers. du masc. sing., se rapp. à *Jésus-Christ*.

Il, pron. pers., 3e pers. du masc. sing., se rapp. à *homme*.

Tu, pron. pers., 2e pers. du masc. sing., indiq. la personne à qui l'on parle.

Ils, pron. pers., 3e pers. du masc. plur., se rapp. à *autres*.

Toi, pron. pers., 2e pers. du masc. sing., désigne la pers. à qui l'on parle.

Je, pron. pers., 1re pers. du masc. sing., dés. la pers. qui parle.

Nous, pron. pers., 1re pers. du masc. plur.

Dictée.

(Faites souligner et analyser les pronoms personnels.)

Ne faites pas à autrui ce que *vous* ne voudriez pas qui *vous* fût fait. — Si un chapeau *te* blesse, ne *l*'enfonce pas dans la tête de ton voisin. — L'ignorance est un état d'enfance perpétuelle; *elle* suppose l'oisiveté qui engendre tous les vices. — Jouis des bienfaits de la Providence, voilà la sagesse; fais-*en* jouir les autres, voilà la vertu. — Dans le bonheur, rappelle-*toi* tes parents. — Tout le monde mange, mais peu *se* rassasient. — Tous les grains de blé que *vous* mangez ont été arrosés de la sueur du laboureur. — A celui qui *te* donne sur-le-champ une goutte d'eau, *tu lui* donneras en échange une fontaine intarissable. — Abstiens-*toi* de faire du mal aux animaux.

Analyse.

Vous, pron. pers., 2e pers. du masc. plur., pour *à vous*.

Te, pron. pers., 2e pers. du masc. sing., *blesse toi*.

L', pour *le*, pron. pers., 3e pers. du masc. sing., se rapp. à *chapeau*.

Elle, pron. pers., 3e pers. du fém. sing., se rapp. à l'*ignorance*.

En, pron. pers., 3e pers. du masc. plur., pour *d'eux*, *des bienfaits*.

Toi, pron. pers., 2e pers. du masc. sing., désig. la pers. à qui l'on parle.

Se, pron. pers., 3e pers. du masc. plur., pour *eux* (*peu d'hommes rassasient eux.*)

Vous, pron, pers., 2e pers. du masc. plur.

Te, pron. pers., 2e pers. du masc. sing., pour *à toi.*

Tu, pron. pers., 2e pers. du masc. sing., désig. la pers. à qui l'on parle.

Lui, pron. pers., 3e pers. du masc. sing., pour *à lui*.

Toi, pron. pers., 2e pers. du masc. sing., désig. la pers. à qui l'on parle.

INSTRUCTION. Le maître ou le moniteur devra demander pourquoi tel mot est un pronom, pourquoi ce pronom est un pronom personnel, etc., etc.

CHAPITRE XIV.

FONCTIONS DES PRONOMS PERSONNELS. — ÉLISION.

V. Grammaire, page 28.

Lecture.

Me voilà seul portant la peine universelle !
Te montrerai-*je* les objets tels qu'*ils* sont ?
Se vaincre appartient aux héros.
Le voilà donc rempli, cet oracle funeste !
J'avais encore tes vœux, j'avais encore ton cœur.
Ne *m'*ôtez pas ce bien dont *je* suis si jaloux.
*T'*attendre aux yeux d'autrui, quand *tu* dors, est erreur.
*S'*étonner est du peuple, admirer est d'un sage.

L'a-t-on vu (le coursier), paissant l'herbe fleurie,
Contempler les tableaux de la terre embellie?

Analyse.

Me, pronom pers., 1re pers. du masc. sing., complément de *voilà*.

Te, pron. pers., 2e pers. du masc. sing., pour *à toi*, compl. indirect de *montrerai*.

Je, pron. pers., 1re pers. du masc. sing., sujet de *montrerai*.

Ils, pron. pers., 3e pers. du masc. plur., se rapp. à *sujets*) sujet de *sont*.

Se, pron. pers., 3e pers. du masc. plur., compl. direct de *vaincre*.

Le, pron. pers., 3e pers. du masc. sing., compl. de *voilà*.

J', pron. pers., 1re pers. du masc. sing., sujet de *avais*. On a mis *j'* et non *je*, parce que *avais* qui suit commence par une voyelle.

M', pron. pers., 1re pers. du masc. sing., pour *à moi*, compl. ind. de *ôtez*; on a retranché l'*e* final parce que le mot suiv. com. par une voyelle.

Je, pron. pers., 1re pers. du masc. sing., sujet de *suis*.

T', pron. pers., 2e pers. du masc. sing., pour *toi*, compl. direct de *attendre*, *t'* pour *te*, parceq. le mot suiv. com. par une voyelle.

Tu, pron. pers., 2e pers. du masc. sing., suj. de *dors*.

S', pron. pers., 3e pers. du masc. sing., compl. dir. de *étonner*; *s'* pour *se*, parce que le mot suiv. com. par une voy.

L', pron. pers., 3e pers. du masc. sing., compl. direct de *a vu*; *l'* pour *le*, parceq. le mot suiv. com. par une voyelle.

Dictée.

(Faites indiquer la fonction des pronoms personnels.)

Si *tu* as de l'argent, secours les hommes; si *tu n'en* as point, emploie les bons procédés. — Quand *tu* es seul, songe à tes défauts; quand *tu* es en compagnie, oublie ceux des autres. — Dans le bonheur, rappelle-*toi* tes parents; dans le péril, confie-*toi* à un vieil ami. — Quand trois personnes vont ensemble, j'aurai toujours à apprendre : en imitant ce qui *se* fait de bien, en *me* corrigeant de ce qui *se* fait de mal. — Si *tu* ne veux pas qu'on *le* sache, ne *le* fais pas. — Heureux qui peut rendre à son père et à sa mère tous les soins qu'il *en* a reçus dans son enfance! Heureux encore qui *leur* rend leurs sourires, leurs caresses, leurs joies, leur folie, et *y* met autant de sentiment! — Un grand âge est quelquefois une seconde enfance; pourquoi la piété filiale n'irait-*elle* pas aussi loin que l'amour paternel et maternel ? — Reconnais les bienfaits par d'autres bienfaits; mais ne *te* venge jamais des injures. — La poule sauvage ne *se* désaltère jamais par une goutte d'eau, qu'*elle* n'élève ses regards vers le ciel. — On reçoit l'homme suivant l'habit qu'*il* porte, et on *le* reconduit suivant l'esprit qu'*il* a montré. — Un sot jette une pierre dans la mer, cent sages ne *la* retireront pas. — Les fleurs s'embellissent par la culture. — Le bananier seul donne à l'homme de quoi *le* nourrir, *le* loger, *le* meubler et *l'*ensevelir. — La belette ne veut pas manger quand on *la* regarde.

Analyse.

Tu, pron. pers., 2e pers. du masc. sing., sujet de *as*.

En, pron. person., 3e pers. du masc. sing., pour *de cela, de l'argent*, compl. ind. de *as*.

Tu, pron. pers., 2e pers. du sing., sujet de *es*.

Toi, pron. pers., 2e pers. du masc. sing., pour *à toi*, comp. ind. de *rappelles*.

Toi, pron. pers., 2e du masc. sing., compl. dir. de *confie*.

J', pron. pers., 1re pers. du masc. sing., sujet de *aurai*; élision, parce que le mot suiv. com. par une voy.

Se, pron. pers., 3e pers. du masc. sing., compl. dir. de *fait*.

Me, pron. pers., 1re pers. du masc. sing., pour *moi*, compl. dir. de *corrigeant*.

Tu, pron. pers., 2e pers. du masc. sing., sujet de *veux*.

Le, pron. pers., 3e pers. du masc. sing., pour *cela*, compl. de *sache* et de *fais*.

Il, pron. pers., 3e pers. du masc. sing., sujet de *a reçus*.

En, pron. pers., 3e pers. du masc. plur., pour *d'eux*, compl. indir. de *a reçus*.

Leur, pron. pers., 3e pers. du masc. plur., pour *à eux*, compl. indir. de *rend*.

Y, pron. pers., 3e pers. du masc. sing., pour *à cela, en cela*, compl. ind. de *met*.

Elle, pron. pers., 3e pers. du fém. sing., se rapp. à *piété*, suj. de *irait*.

Te, pron. pers., 2e pers. du masc. sing., pour *toi*, compl. dir. de *venge*.

Se, pron. pers., 3e pers. du fém. sing., pour *soi*, compl. dir. de *désaltère*.

Elle, pron. pers., 3e pers. du fém. sing., se rapp. à *poule*, sujet de *élève*.

Il, pron. pers., 3e pers. du fém. sing., se rapp. à *homme*, sujet de *porte*.

Le, pron. pers., 3e pers. du masc. sing., se rapp. à *homme*, compl. dir. de *reconduit*.

Il, pron. pers., 3e pers. du masc. sing., se rapp. à *homme*, sujet de *a montré*.

La, pron. pers., 3e pers. du fém. sing., se rapp. à *pierre*, compl. dir. de *retireront*.

S', pron. pers., 3e pers. du fém. plur., pour *elles*; compl. dir. de *embellissent*.

Le, pron. pers., 3e pers. du masc. sing., se rapp. à *homme*; compl. dir. de *nourrir, loger et meubler*.

La, pron. pers., 3e pers. du fém. sing., se rapp. à *belette*; compl. dir. de *regarde*.

CHAPITRE XV.

PRONOMS POSSESSIFS. — PRONOMS DÉMONSTRATIFS.

V. Grammaire, page 30.

Lecture.

Chacun veut que le bonheur d'autrui ne trouble pas *le sien*.

L'imagination d'autrui nous trompe aussi souvent que *la nôtre*.

Trop souvent on croit voir l'opinion publique dans *la sienne*.

Écoute l'opinion des autres, mais ne renonce pas pour cela à *la tienne*.

Soigne bien ta vigne, tu n'auras pas besoin d'envier *celle* de ton voisin.

Les yeux du lièvre sont autres que *ceux* de la chouette.

Le plus mauvais pays est *celui* où l'on n'a pas d'amis.

Analyse.

Le sien, pronom possessif, du masculin singulier, parce qu'il se rapp. à *bonheur*.

La nôtre, pron. poss. du fém. sing., parce qu'il se rapp. à *imagination*.

La sienne, pron. poss. du fém. sing., parce qu'il se rapp. à *opinion publique*.

La tienne, pron. poss. du fém. sing., parce qu'il se rapp. à *opinion*.

Celle, pronom démonstratif, du fém. sing., parce qu'il se rapp. à *vigne*.

Ceux, pron. dém., du masc. plur., parce qu'il se rapp. à *yeux*.

Celui, pron. dém. du masc. sing., parce qu'il se rapp. à *pays*.

Dictée.

(Faites souligner et analyser les pronoms possessifs et les pronoms démonstratifs.)

Pourquoi regardez-vous une paille qui est dans l'œil de
votre voisin, vous qui ne voyez pas une poutre qui est dans
le vôtre? — La gloire la plus douce d'un roi, c'est *celle* qui
naît de *ses* bienfaits. — La véritable éloquence est *celle* du
bon sens. — *Ce* qui fait le triomphe de la religion, c'est
qu'elle console l'homme dans le malheur. — Comment
veux-tu que je te traite? dit Alexandre à Porus prisonnier.
En roi, répondit *celui-ci*. — La nuit dernière, dit un Romain à Caton, un rat rongea mon soulier; qu'est-ce que
cela me présage? Rien, dit *celui-ci*; mais si *ton* soulier
avait dévoré le rat, *cela* serait d'un mauvais augure. — Le
travail de l'esclave est infiniment moindre que *celui* de
l'homme libre, et la consommation de l'un est égale à *celle*
de l'autre. — L'homme n'a pas de plus grands biens que
ceux qui lui ont servi à rendre les autres heureux. — Les
Indiens ont les oreilles placées plus haut que *les nôtres*.

Analyse.

Le vôtre, pron. possessif du masc. sing., parce qu'il se rapp.
à *œil*.

C', pour *ce*, pron. démonstratif du masc. sing.; *pronom*,
parce qu'il est suivi du verbe *être* : *c'est*.

Celle, pron. dém. du fém. sing., parce qu'il se rapp. à
gloire.

Celle, pron. dém. du fém. sing., parce qu'il se rapp. à *éloquence*.

Ce, pron. dém. du masc. sing.; *pronom*, parce qu'il n'est
pas suivi d'un nom : *ce qui*.

C', pour *ce*, pron. dém. du masc. sing.; *pronom*, parce
qu'il est suivi du verbe *être*: *c'est*.

Celui-ci, pron. dém. du masc. sing., parce qu'il se rapp. à
Porus.

Ce, pron. dém. du masc. sing.; *pronom*, parce qu'il est
employé avec le verbe *être* : *qu'est-ce?*

Cela, pron. dém. du masc. sing., sujet de *présage*.

Celui-ci, pron. dém. du masc. sing., parce qu'il se rapp. à
Caton.

Cela, pron. dém. du masc. sing., sujet de *serait*.

Celui, pron. dém. du masc. sing., parce qu'il se rapp. à
travail.

Celle, pron. dém. du fém. sing., parce qu'il se rapp. à con-
sommation.

Ceux,   pron. dém. du masc. plur., parce qu'il se rapp. à
              biens.
Les nôtres, pron. poss. du fém. plur., parce qu'il se rapp. à
              oreilles.

CHAPITRE XVI.

PRONOMS RELATIFS OU CONJONCTIFS.

V. Grammaire, page 31.

Lecture.

L'ignorance est un état d'enfance perpétuelle ; elle
suppose l'oisiveté *qui* engendre tous les vices.

Le vrai sage est celui *qui* apprend de tout le monde.

Tous les grains de riz *que* vous mangez ont été arrosés
de la sueur du laboureur.

L'armée la plus invincible est celle *où* les pères pen-
sent le plus souvent à leurs enfants, les fils à leurs
parents, et les frères à leurs frères.

L'expérience, *à laquelle* nous devons toutes nos amé-
liorations, fit ajouter au ciment des crins de bœuf
pour en augmenter la solidité.

Analyse.

Qui,   pronom relatif, 3ᵉ personne du fém. sing., parce
             que son antécédent *oisiveté* est à la 3ᵉ pers. du
             fém. et au sing.

Qui,   pron. rel., 3ᵉ pers. du masc. sing., parce que son
             antécédent *celui* est de la 3ᵉ pers. du masc. et
             au sing.

Que,   pron. rel., 3ᵉ pers. du masc. plur., parce que son
             antécédent *grains de riz* est de la 3ᵉ pers. du
             masc. et au plur.

Où,   pron. rel., 3ᵉ pers. du fém. sing., parce que son
             antécédent *celle* est de la 3ᵉ pers. du fém. et au
             sing.

A laquelle, pron. rel. du fém. sing., parce que son antécédent
             expérience est du fém. et au sing.

Dictée.

(Faites souligner et analyser les pronoms conjonctifs.)

C'est Dieu *qui* a fait le soleil, le vent, la pluie, la plante ;
l'abeille *qui* tire le miel de ses fleurs ; la vache *qui* change
les herbes en lait, et les hommes *qui* jouissent de tous ces
bienfaits, souvent sans reconnaissance. — Dieu punit l'orgueil des enfants de Noé *qui* élevaient la tour de Babel.

— Le cheval sur *lequel* Alexandre était monté s'appelait Bucéphale. — Il y a deux choses *auxquelles* il faut s'accoutumer, sous peine de trouver la vie insupportable : les injures du temps et les injustices des hommes. — Il n'y a rien, jusqu'à la vérité même, *à laquelle* un peu d'agrément ne soit nécessaire. — Le mensonge est un vice *dont* on ne saurait avoir trop d'horreur.

Analyse.

Qui,	pron. rel., 3e pers. du masc. sing., parce que son antécédent *Dieu* est de la 3e pers. du masc. et au sing.
Qui,	pron. rel., 3e pers. du fém. sing., parce que son antécédent *abeille* est de la 3e pers. du fém. et au sing.
Qui,	pron. rel., 3e pers. du fém. sing., parce que son antécédent *vache* est de la 3e pers. du fém. et au sing.
Qui,	pron. rel., 3e pers. du masc. plur., parce que son antécédent *hommes* est de la 3e pers. du masc. et au plur.
Qui,	pron. rel., 3e pers. du masc. plur., parce que son antécédent *enfants de Noé* est de la 3e pers. du masc. et au plur.
Lequel,	pron. rel., 3e pers. du masc. sing., parce que son antécédent *cheval* est de la 3e pers. du masc. et au sing.
Auxquelles,	pron. rel., 3e pers. du fém. plur., parce que son antécédent *choses* est de la 3e pers. du fém. et au plur.
A laquelle,	pron. rel., 3e pers. du fém. sing., parce que son antécédent *vérité* est de la 3e pers. du fém. et au sing.
Dont,	pron. rel., 3e pers. du masc. sing., parce que son antécédent *vice* est de la 3e pers. du masc. et au sing.

CHAPITRE XVII.

PRONOMS INDÉFINIS.

V. Grammaire, page 34.

Lecture.

Ne mets pas la faux dans la maison d'*autrui*.
Quiconque est né envieux et méchant est naturellement triste.

2.

Il n'est *personne* qui ne cherche à se rendre heureux.
Chacun dit du bien de son cœur, et *personne* n'ose en
dire de son esprit.
On ne refuse rien de *quelqu'un* qui sait plaire.
Les hommes ne sont faits que pour se consoler *les uns
les autres*.

Analyse.

Autrui,	pronom indéfini, 3e pers. masc. sing.
Quiconque,	pron. indéf., 3e pers. masc. sing.
Personne,	pron. indéf., 3e pers. masc. sing.; *pronom,* parce qu'il n'est pas précédé de l'article, ni d'un adj. déterm.
Chacun,	pron. indéf., 3e pers. masc. sing.
Personne,	V. plus haut.
On,	pron. indéf., 3e pers. masc. sing.
Quelqu'un,	pron. indéf., 3e pers. masc. sing.
Les uns les autres,	pron. indéf., 3e pers. masc. plur.

Dictée.

(Faites souligner et analyser les pronoms indéfinis.)

On doit vivre chaque jour comme si *l'on* devait mourir
le soir. — *Personne* n'est exempt de la mort; c'est un tri-
but que les hommes paient *chacun* à son tour. — Virgile
et Horace ont eu les bonnes grâces d'Auguste ; *l'un et l'autre* en étaient dignes. — *Quiconque* flatte ses maîtres les
trahit. — Par soi-même on peut juger d'*autrui*. — *Personne* ne veut être plaint de ses erreurs. — Envier *quelqu'un*, c'est s'avouer son inférieur. — *Chacun* a son défaut où toujours il revient. — *Tel* donne à pleines mains,
qui n'oblige personne. — La mort nous sépare de *tout*. —
— Parfois *plusieurs* valent mieux qu'un. — *Nul* à Paris
ne se tient dans sa sphère. — *Aucun* n'est prophète chez
soi. — *Tout* d'un Dieu créateur atteste le génie. — *Tout*
se lie, *tout* s'unit dans l'univers. — *Tout* dans l'univers
porte l'empreinte d'une main divine. — *Tout* annonce
d'un Dieu l'éternelle existence. — *Tout* périt par la sécheresse. — *Tout* périt dans l'univers, mais *tout* se renouvelle. — *Tout* nous quitte dans la vieillesse. — Le long
âge est un mal dont *on* ne peut guérir. — Jamais de l'in-
digence *on* n'a chômé la fête. — La coutume fait *tout*. —
Tout est soumis au calcul ici-bas. — Il faut toujours voir le
but où *l'on* tend. — L'avarice perd *tout* en voulant *tout*
gagner. — *Tel* est pris qui croyait prendre. — *Tel* qui rit
aujourd'hui dimanche pleurera. — Newton et Galilée ont

contribué infiniment *l'un et l'autre* aux progrès que les sciences physiques ont faits. — Les deux Rousseau se sont illustrés *chacun* dans son genre.

Analyse.

On,	pron. indéf., 3e pers. masc. sing.
Personne,	pron. indéf. 3e pers. masc. sing.; *pronom*, parce qu'il n'est pas précédé de l'article, ni d'aucun adj. déterm.
Chacun,	pron. indéf., 3e pers. masc. sing.
L'un et l'autre,	pron. indéf., 3e pers. masc. sing.
Quiconque,	pron. indéf., 3e pers. masc. sing.
Autrui,	pron. indéf., 3e pers. masc. sing.
Quelqu'un,	pron. indéf., 3e pers. masc. sing.
Tel,	pron. indéf., 3e pers. masc. sing.; *pronom*, parce qu'il n'est pas suivi d'un nom.
Tout,	pron. indéf., 3e pers. masc. sing.; *pronom*, parce qu'il n'est pas suivi d'un nom.
Plusieurs,	pron. indéf., 3e pers. masc. plur.; *pronom*, parce qu'il n'est pas suivi d'un nom.
Nul,	pron. indéf., 3e pers. masc. sing.; *pronom*, parce qu'il n'est pas suivi d'un nom.

CHAPITRE XVIII.

VERBE. — VERBES D'ÉTAT. — VERBES D'ACTION. — SUJET.

V. Grammaire, page 36.

Lecture.

Le feu *est* une émanation du soleil.
La vapeur des brouillards *obscurcit* les cieux.
Nous ne *vivons* jamais, nous *attendons* la vie.
Vous ne *parviendrez* pas à changer le cœur des ingrats.
Honorez les femmes ! elles *sèment* de roses le cours de notre vie.
Punir *est* un tourment ; *pardonner*, un plaisir.
Combien de gens *profanent* le nom de l'amitié !
Le travail *calme* les passions ; il *occupe* l'esprit, il *éloigne* l'ennui.
La fraise vermeille *embaume* les gazons.

Analyse.

Obscurcit,	est un verbe, parce qu'on peut dire *j'obscurcis, tu obscurcis, il obscurcit*, etc. C'est un verbe

d'action, parce qu'il exprime une action, celle d'obscurcir. Il a pour sujet *la vapeur des brouillards*, car qui est-ce qui obscurcit les cieux? C'est *la vapeur des brouillards*. Le sujet du verbe est ici représenté par un nom.

Vivons, est un verbe, parce qu'on peut dire *je vis, tu vis, il vit*, etc. C'est un verbe d'état, parce qu'il exprime l'existence du sujet, considérée comme indépendante de toute action et de toute volonté; il a pour sujet *nous*, car qui est-ce qui vit? C'est *nous*. Le sujet du verbe est ici représenté par un pronom.

Attendons, verbe, parce qu'on peut dire *j'attends, tu attends, il attend*, etc. Verbe d'action, parce qu'il exprime une action faite par le sujet, celle d'attendre la vie. Il a pour sujet *nous*, car qui est-ce qui attend? C'est *nous*. Le sujet est ici représenté par un pronom.

Parviendrez, verbe, parce qu'on peut dire *je parviendrai, tu parviendras, il parviendra*, etc. Verbe d'action, parce qu'il exprime une action faite par le sujet, l'action de *parvenir* à changer, etc. Il a pour sujet *vous*, car qui est-ce qui ne parviendra pas à changer le cœur des ingrats? C'est *vous*. Le sujet est ici représenté par un pronom.

Sèment, verbe, parce qu'on peut dire *je sème, tu sèmes, il sème*, etc. Verbe d'action, parce qu'il exprime une action faite par le sujet, celle de semer de roses le cours, etc. Il a pour sujet *elles*, car qui est-ce qui *sème* de roses le cours de notre vie? Ce sont *elles*, les femmes. Le sujet est ici représenté par un pronom.

Est, verbe, parce qu'on peut dire *je suis, tu es, il est*, etc. Verbe d'état, parce qu'il exprime l'existence du sujet considérée comme indépendante de toute action, de toute volonté; il a pour sujet *punir*, car qu'est-ce qui est un tourment? C'est *punir*. Le sujet est ici représenté par un infinitif.

Profanent, verbe, parce qu'on peut dire *je profane, tu profanes, il profane*, etc. Verbe d'action, parce qu'il exprime une action faite par le sujet, celle de profaner le nom de l'amitié. Il a pour sujet *combien de gens*, car qui est-ce qui profane le nom de l'amitié? C'est *combien de gens*. Le sujet est ici représenté par un adverbe de quantité.

Calme, verbe, parce qu'on peut dire *je calme, tu calmes, il calme*. Verbe d'action, parce qu'il exprime une action faite par le sujet, celle de calmer les passions. Il a pour sujet *le travail*, car qu'est-ce qui calme les passions? C'est *le travail.* Le sujet est ici représenté par un nom.

Occupe,   verbe, parce qu'on peut dire *j'occupe, tu occupes, il occupe,* etc. Verbe d'action, parce qu'il exprime une action, celle d'occuper l'esprit. Il a pour sujet *il,* etc.

Éloigne,   verbe d'action, qui a pour sujet *il,* etc.

Embaume,   verbe d'action, qui a pour sujet la *fraise vermeille.*

Dictée.

(Faites souligner et analyser les verbes et les sujets.)

Les volcans *embrasent* les montagnes. — Les vents *portent* les nuages sur les monts. — Les rivières se *jettent* dans la mer. — Le feu *remplit* toute la nature. — La présence de l'homme *fait* le charme de la nature. — Si tu *veux* un remède pour l'ivrognerie, *ouvre* les yeux et *regarde* l'ivrogne. — La religion *élève* l'âme; elle *ennoblit* les sentiments. — Nous *devons* tous *haïr* le mensonge. — *Prodiguez* les bienfaits, vous ne *parviendrez* pas à changer le cœur des ingrats. — L'histoire *est* un bon livre; il *guide* sans rudesse; il nous *prescrit* le bien par les dangers du mal. — Tout le monde *mange,* mais peu se *rassasient.* — Le travail *rend* tout facile. — Les besoins de l'homme *varient* avec les latitudes. — L'aisance *étouffe* l'industrie. — Constantinople, aussi bien que Rome, *a été* la capitale de l'empire romain. — Pompée, ainsi que César, *avait reçu* le titre de triumvir. — Les Pélasges *étaient* très-ignorants; la plupart se *nourrissaient* de racines et se *vêlaient* de peaux de bêtes. — Sésostris *mourut* aveugle. — Les Ninivites *effrayèrent* Jonas par leur perversité. — Brutus *chassa* les Tarquins de Rome. — Cornélie *regardait* ses fils comme sa seule parure.

Analyse.

Embrasent,   verbe d'action, qui a pour sujet *les volcans.*

Portent,   verbe d'action qui a pour sujet *les vents.*

Jettent,   verbe d'action qui a pour sujet *les rivières.*

Remplit,   verbe d'action qui a pour sujet *le feu.*

Fait,   verbe d'action, qui a pour sujet *la présence de l'homme.*

Veux,   verbe d'action, qui a pour sujet *tu.*

Élève,   verbe d'action, qui a pour sujet *la religion.*

Ennoblit,   verbe d'action, qui a pour sujet *elle.*

Devons,   verbe d'action, qui a pour sujet *nous,* etc., etc.

INSTRUCTION. Le maître ou le moniteur pourra demander 1° pourquoi tel mot est un verbe ; 2° pourquoi c'est un
verbe d'état ou un verbe d'action ; 3° comment on reconnaît que tel mot en est le sujet.

CHAPITRE XIX.

DU RÉGIME OU COMPLÉMENT DES VERBES.

V. Grammaire, page 38.

Lecture.

Le riche pense *à l'année* qui vient, et le pauvre songe
    au jour présent.
Qui veut jouir *des douceurs* de la richesse doit accep-
    ter *l'amertume* du travail.
Dans le péril, confie-*toi à un vieil ami*.
Reconnais *les bienfaits* par d'autres bienfaits.
Dieu tient le cœur des rois entre ses mains puissantes.
Les rois tiennent leurs droits de Dieu, leur puissance
    du peuple.
L'homme est né pour régner sur tous les animaux.
Les hommes sont encore enfants à soixante ans.
La colombe attendrit les échos des forêts.
Les cœurs ambitieux ne *s'attendrissent* pas.

Analyse.

Pense,	verbe à la 3ᵉ pers. du sing.; il a pour sujet *le ri-che*, et pour complément indirect *à l'an-née*, etc.
Vient,	verbe à la 3ᵉ pers. du sing.; il a pour sujet *qui*.
Songe,	verbe à la 3ᵉ pers. du sing.; il a pour sujet *le pauvre*, et pour complément indirect *au jour présent*.
Veut,	verbe à la 3ᵉ pers. du sing.; il a pour sujet *qui*, et pour complément indirect *jouir* des dou-ceurs de la vie.
Jouir,	verbe qui a pour complément indirect des dou-ceurs de la richesse.
Doit,	verbe à la 3ᵉ pers. du sing., qui a pour sujet *celui* sous-entendu.
Accepter,	verbe qui a pour complément direct *l'amertume du travail*.
Confie,	verbe qui a pour complément direct *toi*, et pour complément indirect *à un vieil ami*.

Reconnais,	verbe à la 2e pers. du sing.; il a pour complément indirect *les bienfaits.*
Tient,	verbe à la 3e pers. du sing.; il a pour sujet ***Dieu,*** et pour complément indirect *le cœur des rois.*
Tiennent,	verbe à la 3e pers. du plur.; il a pour sujet *les rois,* et pour complément direct *leurs droits.*
Est,	verbe à la 3e pers. du sing.; il a pour sujet *l'homme.*
Sont,	verbe à la 3e pers. du plur.; il a pour sujet *les hommes.*
Attendrit,	verbe à la 3e pers. du sing.; il a pour sujet *la colombe,* et pour complément direct *les échos des forêts.*
Attendrissent,	verbe à la 3e pers. du plur.; il a pour sujet *les cœurs ambitieux,* et pour complément direct *s'* pour *se, soi, eux.*

Dictée.

(Faites souligner et analyser les régimes directs ou indirects, la personne et le nombre du verbe.)

Le temps tout seul *amène* la sagesse. — Travaillons, le travail *entretient* la santé. — Le ciel *protége* la vertu. — La modestie *embellit* le mérite. — Les froids *nuisent* à la récolte des vins. — Il ne faut pas *médire* de son prochain. — L'inimitié *succède* à l'amitié trahie. — Misérable, tu *cours* à ta perte infaillible. — La religion *veille* sur les crimes secrets. — L'ingratitude *lasse* la bienfaisance. — Aux intérêts d'autrui nous *préférons* les nôtres. — Sans intérêt *obligeons* les humains. — *J'admire* tes bienfaits, divine agriculture. — Ne vous *fiez* pas à la première apparence.

Analyse.

Amène,	verbe à la 3e pers. du sing.; il a pour sujet *le temps,* et pour complément direct *la sagesse.*
Entretient,	verbe à la 3e pers. du sing.; il a pour sujet *le travail,* et pour complément direct *la santé.*
Protége,	verbe à la 3e pers. du sing.; il a pour sujet *le ciel,* et pour complément direct *la vertu.*
Embellit,	verbe à la 3e pers. du sing.; il a pour sujet *la modestie,* et pourcomplément direct *le mérite.*
Nuisent,	verbe à la 3e pers. du plur.; il a pour sujet *les froids,* et pour complément indirect *à la récolte du vin.*
Médire,	verbe; son complément indirect est *de son prochain.*
Succède,	verbe à la 3e pers. du sing.; il a pour sujet *l'inimitié,* et pour régime indirect *à l'amitié trahie.*

Cours,   verbe à la 2e pers. du sing.; il a pour sujet *tu*, et
              pour complément indirect *à ta perte infaillible*.
Veille,   verbe à la 3e pers. du sing.; il a pour sujet *la re-
              ligion*, et pour complément indirect *sur les crimes
              secrets*.
Lasse,   verbe à la 3e pers. du sing.; il a pour sujet *l'ingra-
              titude*, et pour complément direct *la bienfai-
              sance*.
Préférons,   verbe à la 1re pers. du plur.; il a pour sujet *nous*,
              et pour complément direct *les nôtres*.
Obligeons,   verbe à la 1re pers. du plur.; il a pour sujet *nous*
              sous-entendu, et pour complément direct *les hu-
              mains*.
Admire,   verbe à la 1re pers. du sing.; il a pour sujet *je*, et
              pour complément direct *tes bienfaits*.
Fiez,   verbe à la 2e pers. du plur.; il a pour sujet *vous*
              sous-entendu, et pour complément direct *vous* (*ne
              fiez pas vous*.)

INSTRUCTION. Le maître ou le moniteur pourra demander pourquoi tel verbe est à telle personne et à tel nombre,
pourquoi tel régime ou complément est direct ou indirect, etc.

CHAPITRE XX.

DES TEMPS DANS LES VERBES.
V. Grammaire, page 40.

Lecture.

Nous *verrons* Dieu dans l'autre vie, et ce *sera* la ré-
  compense des bons.
La religion chrétienne *changea* et *renouvela* la face
  du monde.
Archimède *traçait* et *calculait* des figures quand un
  soldat romain *entra* et le *perça* de son épée.
Les ténèbres de l'erreur *ont fui* devant le soleil de la
  vérité.
Nous *avons* tous nos goûts, nos devoirs, nos talents.
Sur des ailes de feu l'éclair *brille* et *serpente*.
Sur la voie des bienfaits, si l'on consultait le malheur,
  il *choisirait* la main d'un enfant.

Analyse.

Verrons.   Le verbe *voir* est ici au futur, parce qu'il marque
           que la chose aura lieu après le moment où l'on

parle. *Verrons* est un temps simple, parce qu'il est exprimé par un seul mot.

Changea. Le verbe est au passé défini, parce qu'il marque que l'action a eu lieu dans une époque passée, mais déterminée, totalement écoulée; temps simple, parce qu'il est est exprimé par un seul mot.

Renouvela, même analyse.

Entra, même analyse.

Perça, même analyse.

Traçait, verbe à l'imparfait, parce qu'il marque que l'action est bien passée par rapport au moment où l'on parle; mais qu'elle était présente, qu'elle était encore *imparfaite*, par rapport à cette autre action également passée, *quand un soldat romain entra*, etc., temps simple, parce qu'il est exprimé par un seul mot.

Calculait, même analyse.

Ont fui, verbe au passé indéfini, parce qu'il indique l'action comme passée, mais sans prescrire nullement l'époque du passé où elle s'est faite; temps composé, parce qu'il est exprimé par plusieurs mots.

Avons, verbe au présent, parce qu'il marque la possession comme présente au moment où l'on parle; temps simple, parce qu'il est exprimé par un seul mot.

Brille, serpente, même analyse.

Dictée.

(Indiquer les verbes et dire à quel temps ils sont.)

Il n'y *a* que ceux qui n'*ont* rien *essayé* qui *trouvent* tout facile. — S'il *dépendait* de nous de choisir un climat, une patrie, il *semble* d'abord que nous *voudrions* un beau ciel, un pays magnifique, riche en productions variées; et cependant nous *aimons* avant tout le climat, le pays où le ciel nous *fit naître.* — *Faisons* deux catalogues, l'un des choses que nous *savons*, l'autre des choses que nous *pouvons apprendre*; nous *serons* tout surpris de voir combien le premier *sera* court, tandis que le second ne *finira* point. — Je *sais*, je *sais!* propos d'enfant, qui *revient* à ceci: j'*ai* de la vanité, donc je n'*apprendrai* rien. — La médisance *use* les bonnes qualités du cœur.

Analyse.

A, verbe au présent; temps simple.

Ont essayé, verbe au passé indéfini; temps composé.

Trouvent, verbe au présent; temps simple.

Dépendait, verbe à l'imparfait; temps simple.

Semble,	verbe au présent; temps simple.
Aimons,	verbe au présent; temps simple.
Fit,	verbe au passé défini; temps simple.
Savons,	verbe au présent; temps simple.
Serons,	verbe au futur; temps simple.
Sera,	verbe au futur; temps simple.
Finira;	verbe au futur; temps simple.
Sais,	verbe au présent; temps simple.
Revient,	verbe au présent; temps simple.
Ai,	verbe au présent; temps simple.
Apprendra,	verbe au futur; temps simple.
Use,	verbe au présent; temps simple.

INSTRUCTION. Le maître ou le moniteur pourra demander pourquoi tel verbe est à tel temps, et pourquoi c'est un temps simple ou un temps composé; il pourra également demander à quelle personne et à quel nombre est tel verbe.

CHAPITRE XXI.

DU MODE DANS LES VERBES.

V. Grammaire, pag. 42.

Lecture.

L'homme de bien *dit* : je *crains* Dieu avant tout, et je *crains* ensuite ceux qui ne le craignent pas.

L'hypocrite *flatte* nos vices afin que nous *applaudissions* aux siens.

L'Amérique *a été* découverte par Colomb sous le règne d'Isabelle.

Richelieu *fut* craint pendant toute sa vie.

Si la religion *était* l'ouvrage de l'homme, elle en *serait* le chef-d'œuvre.

Travailler fortifie l'esprit et le corps.

Rien ne *peut arrêter* le temps dans sa marche.

Travaillons à devenir meilleurs.

Ovide *pensait* avec raison que l'étude *adoucit* les mœurs.

Semez des bienfaits, il en *naîtra* d'heureux souvenirs.

Quelque utile que *soit* la science, la vertu vaut infiniment mieux.

Tends la main au malheureux, Dieu ne t'*abandonnera* pas.

Analyse.

dit. — Le verbe *dire* est ici au mode indicatif, parce qu'il affirme que l'homme parle au moment présent. Il est au mode personnel, parce que le verbe *dit* est à la 3e personne du singulier, à cause de son sujet *l'homme de bien*, qui le précède et qui est de la 3e personne du singulier.

crains, — verbe au mode indicatif, parce qu'il indique que *je crains* au moment présent; il est au mode personnel, parce qu'il est à la 1re pers. du sing., à cause de son sujet *je*, qui est de la 1re pers. du sing.

flatte, — verbe au mode indic., parce qu'il indique que l'action a lieu actuellement; mode personn., parce qu'il est à la 3e pers. du sing., à cause de son sujet *l'hypocrite*, qui est de la 3e pers. du sing.

applaudissions, — verbe au subjonctif, parce qu'il présente l'action du sujet sous la dépendance d'un autre verbe; mode pers., parce qu'il est à la 1re pers. du plur., à cause de *nous*.

a été, — verbe au mode indic., parce qu'il affirme que la chose *a été*; mode pers., parce qu'il est à la 3e pers. du sing., à cause du sujet *l'Amérique*.

fut, — même analyse.

était, — verbe au mode indic., à l'imparf.; mode pers., parce qu'il est à la 3e pers. du sing.

serait, — verbe au mode conditionnel, parce qu'il exprime qu'une chose *serait*, moyennant une condition.

travailler, — verbe au mode infinitif, parce qu'il exprime l'action d'une manière vague, sans nombre ni personne.

peut, — verbe au mode indicat., parce qu'il affirme que la chose *est* actuellement; mode pers., parce qu'il est à la 3e pers. du sing.

arrêter, — voir, plus haut, *travailler*.

travaillons, — verbe au mode impératif, parce qu'il exprime un commandement; mode pers., parce qu'il est à la 1re pers. du plur.

pensait, — verbe au mode indic., parce qu'il affirme que la chose était; mode pers., parce qu'il est à la 3e pers. du sing.

adoucit, — verbe au mode indic., parce qu'il affirme que la chose est; mode pers., parce qu'il est à la 3e pers. du sing.

semez,	verbe au mode impératif, parce qu'il exprime un commandement ; mode pers., parce qu'il est à la 2e pers. du plur.
naîtra,	verbe au mode indic., parce qu'il affirme que la chose sera ; mode pers., parce qu'il est à la 3e pers. du sing.
soit,	verbe au mode subjonctif, parce qu'il présente l'état du sujet sous la dépendance d'un autre verbe ; mode pers., parce qu'il est à la 3e pers. du sing.
tends,	verbe au mode impératif, parce qu'il exprime un commandement ; mode pers., parce qu'il est à la 3e pers. du sing.
abandonnera,	verbe au mode indic., parce qu'il affirme que la chose sera ; mode pers., parce qu'il est à la 3e pers. du sing.

Dictée.

(Indiquer les verbes et dire à quel mode ils sont employés.)

Quelques fautes que nous *ayons* commises, la bonté de Dieu *est* si grande qu'il nous les *pardonnera*. — Les mortels, quels qu'ils *soient*, *sont* égaux devant la loi. — Il *suffit* qu'un habile homme n'*ait* rien *négligé* pour *assurer* le succès d'une entreprise. — Il y *a* une chose qu'on ne *saurait envisager* de face ; c'*est* la mort. — Il *est* glorieux de *mourir* pour sa patrie. — La seule chose dont la possession *soit* certaine, c'*est* la sagesse. — La première faute que *fit* l'homme, ce *fut* de *désobéir* à Dieu. — *Admirez* la vertu dans les revers. — A la seule vertu *sois* sûr que tout *prospère*. — *Vivez* dans la foi des chrétiens. — *Faites*-vous une loi de la bienséance. — Jamais avec le vice il ne *faut* qu'on *badine*. — Le bavard *a* toujours quelque chose à *dire*, et il ne *cesse* d'*ennuyer*. — La brusquerie *peut cacher* un bon cœur.

Analyse.

ayons commises, mode subjonct.	*est,* mode indic.
est, mode indicatif.	*mourir,* mode infin.
pardonnera, mode indic.	*soit,* mode subj.
soient, mode subj.	*est,* mode indic.
sont, mode indic.	*fit,* mode indic.
suffit, mode indic.	*fut,* mode indic.
ait négligé, mode indic.	*désobéir,* mode infin.
assurer, mode infinitif.	*admirez,* mode impér.
a, mode indic.	*sois,* mode impér.
saurait, mode conditionnel.	*prospère,* mode indic.
envisager, mode infin.	*vivez,* mode impér.

faites, mode impér.	*cesse*, mode indic.
faut, mode indic.	*ennuyer*, mode infin.
badine, mode subj.	*peut*, mode indic.
a, mode indic.	*cacher*, mode infin.
dire, mode infin.	

Instruction. Le maître ou le moniteur pourra demander pourquoi tel verbe est à tel mode, et faire indiquer le temps, le nombre, la personne, etc.

CHAPITRE XXII.

Des différentes sortes de verbes.

V. Grammaire, page 43.

Lecture.

Les douces rosées *rafraîchissent* les airs.
Un seul jour *peut ternir* une gloire de vingt ans.
Les débris des insectes *fécondent* les guérets.
Un aimable parfum *trahit* la violette.
Le lis à nos regards *étale* sa blancheur.
La modestie *ajoute* au mérite.
L'immortalité *est accordée* au génie.
Une mauvaise action *est suivie* du repentir.
César *combattit* contre Pompée.
Apelle *excellait* dans la peinture.
Trois cents Spartiates *périrent* pour la patrie.

Analyse.

rafraîchissent, verbe actif, parce qu'il exprime une action faite par le sujet, et qui retombe sur un objet qui est le régime direct de ce verbe.

peut, verbe actif, etc. ; le régime direct est *ternir*.

ternir, verbe actif, etc. ; le régime direct est *une gloire*, etc.

fécondent, verbe actif, etc. ; le régime direct est *les guérets*.

trahit, verbe actif, etc. ; le régime direct est *la violette*.

étale, verbe actif, etc. ; le régime direct est *sa blancheur*.

ajoute, verbe actif, etc., employé ici neutralement, c'est-à-dire sans régime direct ; le régime indirect est *au mérite*.

est, verbe d'état.

combattit, verbe actif, etc., employé ici neutralement, c'est-à-dire sans régime direct ; son régime indirect est *contre Pompée*.

excellait,   verbe neutre, parce qu'il n'a pas de régime di-
          rect.
périrent,   verbe neutre, parce qu'il n'a pas de régime direct.

Dictée.

(Indiquer et analyser les verbes actifs et les verbes neutres.)

La faiblesse *autorise* les méchants. — Les grands rois *font* les héros. — Les bonnes actions *portent* leur récompense. — L'homme inutile à ses semblables ne *mérite* pas leur affection. — Le vent *fracasse* un chêne ou *caresse* une fleur. — La neige et la rosée *engraissent* les campagnes. — La tempête *éclate* et *rugit* dans les airs. — Le doute *conduit* à la vérité. — La force *cède* à la valeur. — Nous *naissons* dans les pleurs, nous *vivons* dans les plaintes, et nous *mourons* dans les regrets. — Une belle pensée bien exprimée *plaît* dans tous les temps. — La précipitation *nuit* au succès. — Nous *devons* à Dieu notre amour et notre reconnaissance. — La vérité *vient* de Dieu; l'erreur *provient* des hommes. — Le cheval *aime* l'homme, il *aspire* à lui plaire. — L'âne *souffre* la faim, un chardon le *contente*. — La génisse se *plaît* dans un gras pâturage. — La chèvre *aime* à gravir au sommet des coteaux. — Le bouc *suit* avec peine et *traîne* un pas tardif. — Le coq matinal *éveille* les hameaux. — La foudre étincelante *éclate* dans les nues. — Sur des ailes de feu l'éclair *brille* et *serpente*. — Le sentiment *persuade* mieux que la raison. — La vengeance *succède* à l'indignation. — On *plaît* moins par l'esprit que par le caractère. — Dieu *fit* le monde, et l'homme l'*embellit*. — Le lis à nos regards *étale* sa blancheur. — L'étoile du matin *annonce* le retour du soleil. — L'arbousier, pour *fleurir*, *demande* des déserts.

Analyse.

autorise, verbe actif.	*mourons,* verbe neutre.
font, verbe actif.	*plaît,* verbe neutre.
portent, verbe actif.	*nuit,* verbe neutre.
mérite, verbe actif.	*devons,* verbe actif.
fracasse, verbe actif.	*vient,* verbe neutre.
caresse, verbe actif.	*provient,* verbe neutre.
engraissent, verbe actif.	*aime,* verbe actif.
éclate, verbe neutre.	*aspire,* verbe neutre.
rugit, verbe neutre.	*souffre,* verbe actif.
conduit, v. act. employé neut.	*contente,* verbe actif.
cède, v. actif employé neutr.	*plaît,* verbe neutre.
naissons, verbe neutre.	*aime,* v. actif employé neutr.
vivons, verbe neutre.	*suit,* v. actif employé neutr.

traîne, verbe actif.	*plaît*, verbe neutre.
éveille, verbe actif.	*fit*, verbe actif.
éclate, verbe neutre.	*combattit*, verbe actif.
brille, verbe neutre.	*étale*, verbe actif.
serpente, verbe neutre.	*annonce*, verbe actif.
persuade, v. act. employé neut.	*fleurir*, verbe neutre.
succède, verbe actif.	*demande*, verbe actif.

INSTRUCTION. Le maître ou le moniteur pourra demander 1° Pourquoi tel verbe est actif ou neutre ; 2° à quel temps, à quelle personne et à quel nombre il est, etc.

CHAPITRE XXIII.

VERBES RÉFLÉCHIS. — VERBES UNIPERSONNELS.

V. Grammaire, page 45.

Lecture.

Nous nous *engourdissons* dans la mollesse.
Tu te *vantes* en vain de tes forces corporelles.
Il se *flatte* en vain de remporter la victoire.
Je me *félicite* d'avoir recouvré la santé.
Il faut un grand courage pour supporter les injustices.
Il est un Dieu : les grandeurs de la nature l'attestent.
Il importe de faire la guerre au vice.
Il arrive souvent que le vice gâte les plus heureux naturels.

Analyse.

engourdissons, verbe réfléchi, parce qu'il marque une action faite par le sujet et qui retombe sur lui-même.
vantes, verbe réfléchi, parce qu'il marque, etc.
flatte, même analyse.
félicite, même analyse.
faut, verbe unipersonnel, parce qu'il a pour sujet le pronom *il*, et qu'il ne s'emploie qu'à la 3° personne du singulier.
est, verbe accidentellement unipersonnel, parce qu'il a pour sujet le pronom vague *il*.
importe, même analyse.
arrive, même analyse.

Dictée.

(Indiquer et analyser les verbes réfléchis et les verbes unipersonnels.)

Nous nous flattons de vaincre, de triompher de nos passions. — *Tu te loues* de ta beauté ; ne sais-tu pas que la beauté passe comme la fleur? — *Il se nuit en se louant trop.* — *Il se plaint* de tout le monde. — Nous nous *repentons* rarement de nos fautes. — *Il est beau* de mourir pour sa patrie. — *Il est rare* que les sots rendent justice au mérite. — *Il y a* une chose que Dieu seul connaît, c'est notre âme. — *Il est* une qualité rare, c'est la modestie. — Dans le champ de la vie *il faut* semer des fleurs. — *Il appartient* aux méchants de craindre la mort.

Analyse.

nous nous flattons, v. réfléchi.	*il est beau*, verbe accidentel, unipersonnel.
tu te loues, verbe réfl.	
il se nuit, verbe réfl.	*il est rare*, même analyse.
se louant, verbe réfl.	*il faut*, verbe unipersonnel.
il se plaint, verbe réfl.	*il appartient*, verbe accidentel, unipersonnel.
nous nous repentons, verbe réfl.	

INSTRUCTION. Le maître ou le moniteur pourra demander pourquoi tel verbe est réfléchi ou unipersonnel.

CHAPITRE XXIV.

CONJUGAISON DU VERBE *être*.

V. Grammaire, page 47.

Lecture.

Les montagnes *sont* la source des fleuves.
Le soleil *est* la vie du monde.
Sans la laideur que *serait* la beauté ?
Il est rare que la curiosité ne *soit* pas accompagnée de l'indiscrétion.
Soyez persuadé qu'il n'y a pas d'offense si grande qui ne mérite d'*être* pardonnée.

Analyse.

sont, 3ᵉ personne plur. du présent de l'indicatif.
est, 3ᵉ pers. sing. du présent de l'indic.
serait, 3ᵉ pers. sing. du présent du conditionnel.
soit, 3ᵉ pers. sing. du présent du subjonctif.
soyez, 2ᵉ pers. plur. de l'impératif.
être, infinitif présent.

CHAPITRE XXV.

CONJUGAISON DU VERBE *avoir*.

V. Grammaire, page 50.

Lecture.

Chaque climat *a* ses oiseaux bienfaiteurs.
Les plantes *ont* la propriété de décomposer l'eau.
Au huitième siècle, il y *avait* trois carêmes.
Vous êtes riches, vous n'*aurez* pas de peine à vous
faire des amis.

Analyse.

A,   3ᵉ personne sing. du présent de l'indicatif.
Ont,   3ᵉ pers. plur. du présent de l'indicatif.
Avait, 3ᵉ pers. sing. de l'imparfait de l'indicatif.
Aurez, 2ᵉ pers. plur. du futur.

CHAPITRE XXVI.

PREMIÈRE CONJUGAISON EN *er*.

V. Grammaire, page 52.

Lecture.

Dieu *veille* sur tous les mondes qui *peuplent* l'es-
   pace.
Dans les plaines du ciel Dieu *sema* la lumière.
C'est Dieu qui *a lancé* le soleil dans l'espace.
Les brises s'*élèvent* de la mer et *répandent* la vie et la
   fraîcheur.
Ta mère t'*a prodigué* les soins les plus tendres : *aime-*
   la de tout ton cœur.
Napoléon *monta* sur le trône en 1804.
Les Arabes *ont possédé* l'Espagne pendant plus de
   sept cents ans.

Analyse.

Veille,   3ᵉ personne sing. du présent de l'indicatif du verbe
              veiller; première conjugaison, parce qu'il a l'in-
              finitif terminé en *er*.
Peuplent, 3ᵉ pers. plur. du présent de l'indicatif du verbe
              peupler (1ʳᵉ conjugaison).
Sema,   3ᵉ pers. sing. du passé défini du verbe *semer* (1ʳᵉ
              conjug.).

3

A lancé, 3e pers. sing. du passé indéfini du verbe *lancer* (1re conjug.).

Elèvent, 3e pers. plur. du présent de l'indic. du verbe *élever* (1re conjug.)

A prodigué, 3e pers. sing. du passé indéfini du verbe *prodiguer* (1re conjug.)

Monta, 3e pers. sing. du passé défini du verbe *monter* (1re conjug.)

Aime, 2e pers. sing. de l'impératif du verbe *aimer* (1re conjugaison).

Ont possédé, 3e pers. plur. du passé indéfini du verbe *posséder* (1re conjug.)

CHAPITRE XXVII.

DEUXIÈME CONJUGAISON EN *ir.*

V. Grammaire, page 54.

Lecture.

Tout se lie, tout *s'unit* dans l'univers.

La France est *unie* à l'Espagne par les Pyrénées.

Là *rougit* la cerise, ici *noircit* la mûre.

L'atmosphère, en *réfléchissant* les rayons du soleil, illumine tout le globe.

Des sources bouillantes *jaillissent* du sein de la terre.

Tout *périt* dans l'univers, mais tout se renouvelle.

La glace ose *saisir* le vin du sacrifice.

La tempête éclate et *rugit* dans les airs.

Analyse.

Unit, 3e pers. sing. du présent de l'indic. du verbe *unir,* 2e conjugaison, parce qu'il a l'infinitif terminé en *ir.*

Unie, participe passé du verbe *unir,* au féminin singulier, parce qu'il se rapporte à *la France,* qui est du féminin et au singulier.

Rougit, 3e pers. du sing. du présent de l'indic. du verbe *rougir,* 2e conjugaison.

Noircit, même analyse.

Réfléchissant, participe présent du verbe *réfléchir;* 2e conjugaison.

Jaillissent, 3e pers. plur. du présent de l'indic. du verbe *jaillir,* 2e conjugaison.

Périt, même analyse que *rougit.*

Saisir, infinitif présent, 2e conjugaison.

Rugit, 3e pers. sing. du présent de l'indic. du verbe *rugir,* 2e conjugaison.

CHAPITRE XXVIII.

TROISIÈME CONJUGAISON EN *oir*.

V. Grammaire, page 56.

Lecture.

J'aperçois dans les corps deux sortes de mouvement.
Où l'un *voit* des chardons, l'autre *aperçoit* des roses.
Tu *recevais* l honneur de triompher, quand il expirait.
La lune *reçoit* du soleil toute la chaleur qu'elle nous renvoie.
Une troupe de soldats *s'aperçurent* que les morts étaient tous Romains.
Quel fruit *recevront*-ils de leurs peines ?

Analyse.

Aperçois, 1re pers. sing. du présent de l'indicatif du verb *apercevoir*, 3e conjugaison, parce qu'il se conjugue comme *recevoir*.

Voit, 3e pers. sing. du présent de l'indic. du verbe *voir*, 3e conjugaison.

Aperçoit, 3e pers. sing. du prés. de l'indic. du verbe *apercevoir*, 3e conjugaison.

Recevais, 2e pers. sing. de l'imparfait de l'indicatif du verbe *recevoir*, 3e conjugaison.

Reçoit, 3e pers. sing. du prés. de l'indic. du verbe *recevoir*, 3e conjugaison.

S'aperçurent, 3e pers. sing. du passé défini du verbe *apercevoir*, 3e conjugaison.

Recevront, 3e pers. plur. du futur du verbe *recevoir* ; 3e conjugaison.

CHAPITRE XXIX.

QUATRIÈME CONJUGAISON EN *re*.

V. Grammaire, p. 58.

Lecture.

Une douce rosée *rend* la vie à la nature.
Les glaces se *fondent* et renouvellent les mers.
Le crépuscule *éteint* et *confond* les couleurs.
La vache *paît* sur les rives des fleuves.

La martre *naît* pour nous dans le fond des déserts.
Le soleil fait *naître* les fleurs et les feuillages.
Au tonnerre en éclats les deux pôles *répondent*.
L'antimoine se *dissout* dans l'eau.
Le bluet *croît* dans les blés.
Le blé *prend* racine partout où il tombe.

Analyse.

Rend, 3e pers. sing. du prés. de l'indic. du verbe *rendre*, 4e conjugaison.

Fondent, 3e pers. plur. du présent de l'indic. du verbe *fondre*, 4e conjugaison, parce qu'il se conjugue comme *rendre*.

Éteint, 3e pers. sing. du prés. de l'indic. du verbe *éteindre*, 4e conjugaison.

Confond, 3e pers. sing. du présent de l'indic. du verbe *confondre*, 4e conjugaison.

Paît, 3e pers. sing. du présent de l'indic. du verbe *paître*, 4e conjugaison.

Naît, 3e personne sing. du prés. de l'indicat. du verbe *naître*.

Naître, infinitif présent, 4e conjugaison.

Répondent, 3e personne plur. du prés. de l'indic. du verbe *répondre*, 4e conjugaison.

Dissout, 3e pers. du présent de l'indic. du verbe *dissoudre*, 4e conjugaison.

Croît, 3e pers. sing. du prés. de l'indic. du verbe *croître*, 4e conjugaison.

Prend, 3e pers. sing. du prés. de l'indic. du verbe *prendre*, 4e conjugaison.

CHAPITRE XXX.

CONJUGAISON DES VERBES NEUTRES.

V. Grammaire, page 60.

Lecture.

Instruction. Le maître ou le moniteur pourra faire conjuguer deux verbes à la fois de la manière suivante :

Je monte au grenier et *tu descends* à la cave.
Tu montes au grenier et *il descend* à la cave.
Il monte au grenier et *je descends* à la cave.
Nous montons au grenier et *vous descendez* à la cave.
Vous montez au grenier et *ils descendent* à la cave.
Ils montent au grenier et *nous descendons* à la cave.

CHAPITRE XXXI.

VERBES RÉFLÉCHIS ET VERBES UNIPERSONNELS.

V. Grammaire, page 62.

Lecture.

Celui qui dit : *je m'ennuie*, ne *s'aperçoit* pas qu'il dit précisément : je suis pour moi-même une sotte et ennuyeuse compagnie.

Vos parents veillent sur vous, et pour vous *ils s'inquiètent*, ils font des vœux, des projets pour votre avenir.

Ayons assez d'esprit pour *nous moquer* de nos prétentions.

Il est rare que *nous nous réconciliions* avec un homme qui a blessé notre amour-propre.

Les choses dont *nous nous soucions* le moins sont souvent celles qui contribuent le plus à notre bonheur.

C'est en haïssant le vice que *nous nous fortifions* dans l'amour de la vertu.

L'émulation est fille de l'amour-propre : *il faut* s'en souvenir.

Il importe de faire la guerre au vice.

Il arrive souvent que le vice gâte les plus heureux naturels.

Analyse.

Je m'ennuie,	1re personne sing. du présent de l'indic. du verbe réfléchi *s'ennuyer*, 1re conjugaison.
S'aperçoit,	3e pers. sing. du présent de l'indic. du verbe réfléchi *s'apercevoir*, 3e conjugaison.
Ils s'inquiètent,	3e pers. plur. du présent de l'indic. du verbe réfléchi *s'inquiéter*, 1re conjugaison.
Nous moquer,	infinitif présent, 1re conjugaison.
Nous nous réconciliions,	1re pers. plur. du présent du subj. du verbe réfléchi *se réconcilier*.
Nous nous soucions,	1re pers. plur. du prés. de l'indic. du verbe réfléchi *se soucier*.
Nous nous fortifions,	1re pers. plur. du présent de l'indic. du verbe réfléchi *se fortifier*.

Il faut,	verbe unipersonnel, au présent de l'indic.
Il importe,	verbe unipersonnel, au présent de l'indic.
Il arrive,	verbe unipersonnel, au présent de l'indic.

Dictée.

INSTRUCTION. Le maître ou le moniteur pourra faire conjuguer deux verbes en même temps, ainsi qu'il suit :

Je m'abstiens de lui déplaire, et tu t'acharnes à l'irriter.

Tu t'abstiens de lui déplaire, et il s'acharne à t'irriter.

Il s'abstient de lui déplaire, et je m'acharne à l'irriter.

etc.,   etc.,   etc.

CHAPITRE XXXII.

VERBES CONJUGUÉS AVEC LA FORME INTERROGATIVE.

V. Grammaire, page 64.

Lecture.

Trouvé-je Boileau un écrivain médiocre quand j'admire la justesse de ses pensées et la pureté de son style ?

Veux-tu devenir bientôt homme de bien ? évite les méchants; fréquente les bons, et ne demeure jamais oisif.

Aime-t-il son pays celui qui refuse de lui consacrer sa vie ?

La vie n'*est-elle* pas un songe ?

Pourquoi ne *tiendrions-nous* pas à la vie, puisque espérer, c'est être heureux ?

Croyez-vous que le coupable dort tranquille et qu'il peut étouffer les remords dont il est déchiré ?

Dieu *a-t-il* promis à l'homme d'obéir à tous ses désirs ?

Analyse.

Trouvé-je,	1re personne sing. du présent de l'indic. du verbe *trouver*, employé interrogativement.
Veux-tu,	2e personne sing. du présent de l'indicatif du verbe *vouloir*, employé interrogativement.
Aime-t-il,	3e pers. sing. du présent de l'indic. du verbe *aimer*, employé interrogativement.

Est-elle ,   3e pers. sing. du présent de l'indic. du verbe *être*, employé interrogativement.

Tiendrions-nous, 1re pers. plur. du conditionnel présent du verbe *tenir*, employé interrogativement.

Croyez-vous,   2e pers. plur. du présent de l'indic. du verbe *croire*, employé interrogativement.

A-t-il,   3e pers. sing. du prés. de l'indic. du verbe *avoir*, employé interrogativement.

CHAPITRE XXXIII.

VERBES RÉGULIERS DONT L'ORTHOGRAPHE PEUT EMBARRASSER.

V. Grammaire, page 66.

Lecture.

C'est en *interrogeant* fréquemment la nature que nous lui arrachons ses secrets.

Ne *jugeons* promptement de personne ni en bien ni en mal.

Souvent le ciel serait injuste s'il *exauçait* nos prières.

Ne *forçons* point notre talent, nous ne ferions rien avec grâce.

L'adulation *dégénère* toujours en ingratitude.

On n'est pas digne de régner quand on ne *règne* pas sur soi-même.

On s'expose à passer pour un sot, lorsqu'on *répète* les sottises d'autrui.

Ce qu'on *appelle* flux et reflux n'est que le mouvement alternatif des eaux.

Analyse.

Interrogeant, participe présent du verbe *interroger*, 1re conjugaison. On a mis *interrogeant* et non *interrogant*, parce que, dans les verbes terminés en *ger*, le *g* doit, pour la douceur de la prononciation, être suivi d'un *e* muet devant les voyelles *a, o*.

Jugeons,   1re pers. plur. de l'impératif du verbe *juger*, 1re conjugaison, même analyse que pour *interrogeant*.

Exauçait,   3e pers. sing. de l'imparfait de l'indic. du verbe *exaucer*, 1re conjugaison. Le *c* a pris une cédille, parce qu'il est placé devant la voyelle *a*.

Forçons,   1re pers. plur. de l'impératif du verbe *forcer*, 1re conjugaison, même analyse que pour *exauçait*.

Dégénère, 3e pers. sing. du présent de l'indic. du verbe *dégénérer*, 1re conjugaison. L'*é* de l'infinitif s'est changé en *è* ouvert, parce qu'il est placé devant une syllabe muette.

Règne, même analyse.

Répète, même analyse.

Appelle, 3e pers. sing. du présent de l'indic. du verbe *appeler*, 1re conjugaison. On a doublé la consonne *l*, parce qu'elle est placée devant un *e* muet.

Dictée.

INSTRUCTION. Le maître ou le moniteur pourra faire conjuguer deux verbes à la fois de la manière suivante :

Je m'afflige de tout, et tu essaies en vain de me consoler.

Tu t'affliges de tout, et il essaie en vain de me consoler.

Il s'afflige de tout, et j'essaie en vain de le consoler.

etc.,   etc.,   etc.,   etc.

CHAPITRE XXXVIII.

DU PARTICIPE.

V. Grammaire, page 75.

Lecture.

La tendre mère, *épiant* les premiers développements de la nature, jette un regard d'amour sur les pas chancelants de son enfant.

Le char de Junon était *traîné* par des paons; celui de Vénus par des colombes.

Il est rare que la curiosité ne soit pas *accompagnée* de l'indiscrétion.

Toutes les planètes, *circulant* autour du soleil, paraissent avoir *été mises* en mouvement par une impulsion commune.

Les eaux *courant* vers la mer, vont s'y perdre pour en ressortir en vapeurs *attirées* par le soleil.

La géographie et la chronologie *étant* les deux yeux de l'histoire, pour bien étudier celle-ci, il faut être *guidé* par celles-là.

Enfants, n'oubliez jamais que vos parents vous ont *élevés* et vous ont *nourris*.

Analyse.

Épiant, participe, parce qu'il dérive du verbe *épier*, et qu'on peut dire *est épiant*. C'est un participe présent, parce qu'il est terminé en *ant*.

Accompagnée, participe, parce qu'il dérive du verbe *accompagner*, et qu'on peut dire *est accompagnée*. C'est un participe passé, parce qu'il est terminé en *é*.

Circulant, participe, parce qu'il dérive du verbe *circuler*, etc., etc.

Dictée.

(Indiquer et analyser les participes.)

Combien de pères, *tremblant* de déplaire à leurs enfants, sont faibles et se croient tendres! — C'est une personne d'un naturel doux, jamais ne *grondant*, ne *contredisant*, ne *désobligeant*. — Les animaux, *vivant* d'une manière plus conforme à la nature, doivent être sujets à moins de maux que nous. — Les feuilles *jaunissant* chaque jour commençaient à se détacher des arbres. — Les connaissances spéculatives ne conviennent guère aux enfants, même *approchant* de l'adolescence. — Le vrai moyen d'éloigner la guerre, c'est de cultiver les armes, c'est d'honorer les hommes *excellant* dans cette profession. — Les peintres nous représentent les Muses *présidant* à la naissance d'Homère, de Virgile, etc. — *Voulant* être ce qu'on n'est pas, on parvient à se croire autre chose qu'on n'est. — Les récompenses *accordées* au mérite ne doivent jamais être le prix de l'intrigue. — Les belles actions *cachées* sont les plus estimables. — Les hommes passent comme les fleurs, qui, *épanouies* le matin, le soir sont *flétries* et *foulées* aux pieds. — Nous oublions aisément nos fautes lorsqu'elles ne sont *sues* que de nous. — Les hommes n'ont jamais *cueilli* le fruit du bonheur sur l'arbre de l'injustice. — La calomnie s'est toujours *plu* à répandre son venin sur les vertus les plus pures.

Analyse.

Tremblant, participe présent.	**Accordées,** participe passé.
Grondant, part. prés.	**Cachées,** part. passé.
Contredisant, part. prés.	**Épanouies,** part. passé.
Désobligeant, part. prés.	**Flétries,** part. passé.
Vivant, part. prés.	**Foulées,** part. passé.

3.

Jaunissant, part. prés.
Approchant, part. prés.
Excellant, part. prés.
Présidant, part. prés.
Voulant, part. prés.

Sues, part. passé.
Cueilli, part. passé.
Plu, part. passé.

INSTRUCTION. Le maître ou le moniteur devra demander pourquoi tel mot est un participe présent ou un participe passé.

CHAPITRE XXXIX.

DU PARTICIPE PRÉSENT ET DE L'ADJECTIF VERBAL.

V. Grammaire, page 78.

Lecture.

Les Romains *goûtant* les délices de la vie, se dégoûtaient de la vertu.

Vois ces groupes d'enfants se *jouant* sous l'ombrage.

Le saule aime une eau vive et l'aune une eau *dormante.*

Que de siècles se sont *écoulés* depuis la création du monde !

J'entends crier la dent de la lime *mordante.*

La mort n'est *prématurée* que pour qui meurt sans vertu.

Le pommier méconnaît son suc *dénaturé.*

Le soleil sur les monts cuit la grappe *dorée.*

Le serpolet fleurit sur les monts *odorants.*

Le pinson remplit l'air de sa voix *éclatante.*

La colombe appelle son ramier d'une voix *gémissante.*

Analyse.

Goûtant,   est ici participe présent, et par conséquent invariable. Les Romains, parce qu'ils *goûtaient,* qu'ils faisaient l'action de goûter les délices ; c'est l'action qu'on veut exprimer.

Se jouant,   est ici partic. prés., parce qu'il marque l'action ; ces enfants *qui se jouent ;* il doit donc être invariable.

Dormante,   est ici adjectif verbal, et doit varier, parce qu'il marque une manière d'être et non une action.

Écoulés,   participe passé, parce qu'il exprime une action
               reçue par le mot *siècles* auquel il se rapporte,
               et avec lequel il s'accorde en genre et en nombre.
Mordante,   même analyse que pour *dormante*.
Prématurée,   même analyse que pour *écoulés*.
Dénaturé,   même analyse que pour *écoulés*.
Dorée,   même analyse que pour *écoulés*.
Odorants, *éclatante*, *gémissante*, même analyse que pour *dor-
mante*

Dictée.

(Indiquer et analyser les participes présents, les adjectifs ver-
baux et les participes passés.)

Dieu punit les mauvais princes en les *rendant* eux-
mêmes les instruments de sa colère. — C'est en *interrogeant*
fréquemment la nature que nous lui arrachons ses secrets.
— Dieu appela les eaux pour punir la terre *couverte* de
crimes. — *Bénis* soient les rois qui ont *été* les pères de
leurs peuples. — Que nous sommes *changeants!* souvent
ce que nous haïmes autrefois est ce que nous préférons aujourd'hui. — Les sciences florissaient chez les Chinois à
une époque fort *reculée*. — L'histoire n'est qu'une suite
des mêmes événements *renouvelés* et *variés*. — Il n'est
rien que nous oubliions aussi promptement que les malheurs *passés*. — J'aime à voir les troupeaux *errant* en
paix dans les vastes prairies ; les brebis *bêlant*, *caressant*
leurs tendres agneaux *bondissant* auprès d'elles ; la chèvre
capricieuse *grimpant* sur les rochers escarpés, *broutant* les
plantes *croissantes*, *fleurissant* parmi les buissons ou les
bourgeons *naissants* de la ronce *rampante*.

Analyse.

Rendant, participe présent.	*Errant*, part. prés.
Interrogeant, part. prés.	*Bêlant*, part. prés.
Couverte, part. passé.	*Caressant*, part. prés.
Bénis, part. passé.	*Bondissant*, part. prés.
Été, part. passé.	*Grimpant*, part. prés.
Changeants, adj. verbal.	*Broutant*, part. prés.
Reculée, part. passé.	*Croissantes*, adj. verbal.
Renouvelés, part. passé.	*Fleurissant*, part. prés.
Variés, part. passé.	*Naissants*, adj. verbal.
Passés, participe passé.	*Rampante*, adj. verbal.

Instruction. Le maître ou le moniteur devra demander
pourquoi tel mot est un participe présent, un participe
passé ou un adjectif verbal.

CHAPITRE XL.

DE L'ADVERBE.

V. Grammaire, page 80.

Lecture.

On confond *aisément* le vice et la vertu.
Le vice sans pudeur est *trop* incorrigible.
Les orangs-outangs marchent *droit* comme l'homme.
Qui veut voyager *loin* ménage sa monture.
Les Français parlent *vite*, et agissent *quelquefois lentement*.
Tout se découvre *enfin* lorsque *moins* on y pense.
Ne chantons *jamais* auprès de ceux qui pleurent.
Ceux qui ont *beaucoup* sont obligés de donner *beaucoup*.
La mémoire des malheureux qu'on a soulagés donne un plaisir qui renaît *sans cesse*.
Oh ! *combien* la vertu souffre à se démentir !
Dans un terrain *trop* sec le grain ne germe *guère*.
Tous les honneurs paraîtraient payés *trop cher* à l'honnête homme, s'ils lui avaient coûté quelque bassesse.

Analyse.

Aisément, est un adverbe, parce qu'il sert à modifier le verbe *confond*. On confond, de quelle manière ? *aisément.*

Trop, adverbe, parce qu'il modifie l'adjectif *incorrigible.*

Droit, adjectif employé adverbialement, parce qu'il sert à modifier le verbe *marchent.*

Loin, adverbe, parce qu'il sert à modifier le verbe *voyager.*

Vite, adjectif pris adverbialement, parce qu'il sert à modifier le verbe *parlent.*

Quelquefois, adverbe, parce qu'il sert à modifier l'adverbe *agissent.*

Lentement, adverbe, parce qu'il sert à modifier le verbe *agissent.*

Enfin, adverbe, parce qu'il modifie le verbe *découvre.*

Moins, adverbe, parce qu'il modifie le verbe *pense.*

Jamais, adverbe, parce qu'il modifie le verbe *chantons.*

Beaucoup, adverbe, parce qu'il modifie le verbe *ont.*

Beaucoup, adverbe, parce qu'il modifie le verbe *donner.*

Sans cesse,	locution adverbiale, parce qu'elle modifie le **verbe** *renaît*.
Combien,	adverbe, parce qu'il modifie le verbe *souffre*.
Trop,	adverbe, parce qu'il modifie l'adjectif *sec*.
Guère,	adverbe, parce qu'il modifie le verbe *germe*.
Trop,	adverbe, parce qu'il modifie le mot *cher*.
Cher,	adjectif pris adverbialement, parce qu'il modifie le participe *payés*.

Dictée.

(Indiquer et analyser les adverbes, les locutions adverbiales et les adjectifs pris adverbialement.)

Il n'est *jamais tard* pour faire du bien. — Les enfants parlent *beaucoup* et réfléchissent *peu*. — L'Europe est *moins* grande que l'Asie. — Les sténographes écrivent les discours *aussi vite* qu'on les prononce. — Les hommes marchent *droit*, la tête levée, la face tournée vers le ciel, leur commune patrie. — La peur conseille *toujours très-mal*. — Tais-toi, ou dis quelque chose qui vaille *mieux* que ton silence. — La perfection d'une pendule n'est pas d'aller *vite*, mais d'être réglée. — Si tu achètes le superflu, tu vendras *bientôt* le nécessaire. — La libéralité consiste *moins* à donner *beaucoup* qu'à donner *à propos*. — L'ingrat ne jouit qu'une fois du bienfait dont l'homme reconnaissant jouit *toujours*.

Analyse.

Tard,	adverbe, modifie le verbe *est*. *Id.* pour *jamais*.
Beaucoup,	adverbe, modifie *parlent*.
Peu,	adverbe, modifie *réfléchissent*.
Moins,	adverbe, modifie *grande*.
Aussi,	adverbe, modifie *vite*.
Vite,	adverbe, modifie *écrivent*.
Droit,	adverbe, modifie *marchent*.
Toujours,	adverbe, modifie *conseille*.
Très,	adverbe, modifie *mal*.
Mal,	adverbe, modifie *conseille*.
Mieux,	adverbe, modifie *vaille*.
Vite,	adjectif pris adverbialement, modifie *aller*.
Bientôt,	adverbe, modifie *vendras*.
Moins,	adverbe, modifie *consiste*.
Beaucoup,	adverbe, modifie *donner*.
A propos,	locution adverbiale, modifie *donner*.
Toujours,	adverbe, modifie *jouit*.

CHAPITRE XLI.

FORMATION DES ADVERBES EN *ment*.

V. Grammaire, page 81.

Lecture.

L'honneur et la droiture sont des qualités qui nous portent à juger *favorablement* des autres.

Le contentement voyage *rarement* avec la fortune; mais il suit la vertu jusque dans le malheur.

Rien de plus aimable que la vertu, rien qui gagne plus *sûrement* les cœurs.

Se tenir toujours éloigné de la société des méchants, rechercher *constamment* le commerce des gens de bien, c'est avoir beaucoup profité.

Ordinairement l'homme qui sait le moins, est celui qui se plaît davantage à contredire.

Ne nous emparons pas *exclusivement* de la conversation comme d'un bien qui nous appartienne en propre.

Un bon livre, un bon discours, peuvent faire du bien; mais un bon exemple parle plus *éloquemment* au cœur.

Analyse.

Favorablement, adverbe formé de l'adjectif *favorable* par l'addition de *ment.*

Rarement, adverbe formé de l'adjectif *rare* par l'addition de *ment.*

Sûrement, adverbe formé de l'adjectif *sûre* par l'addition de *ment.*

Constamment, adverbe formé de l'adjectif *constant* par le changement de *nt* en *mment.*

Ordinairement, adverbe formé de l'adjectif *ordinaire* par l'addition de *ment.*

Exclusivement, adverbe formé du féminin de l'adjectif *exclusif* par l'addition de *ment.*

Éloquemment, adverbe formé de l'adjectif *éloquent* par le changement de *nt* en *mment.*

Dictée.

(Indiquer les adverbes en *ment* et leur formation.)

Appliquez-vous à supporter *patiemment* les défauts et les infirmités des autres, parce qu'il y a aussi bien des choses en vous que les autres ont à supporter. — Rien n'obtient le pardon plus *promptement* que le repentir. — Dieu est *essentiellement* bon. — On croit *aisément* ce qu'on désire. — Ne jugeons *promptement* de personne. — Répondez toujours *poliment*. — Hâtez-vous *lentement*. — Qui va *doucement* va longtemps. — On censure *aisément* les autres. — Un financier jamais ne dort *profondément*. — Protégez *hautement* la vertu malheureuse. — Ce que l'on conçoit bien s'énonce *clairement*. — N'agissez pas trop *légèrement*. — Ne parlez pas *inconsidérément*. — Nos années se poussent *successivement* comme des flots. — Il faut juger *équitablement* de toutes choses. — C'est en interrogeant *fréquemment* la nature que nous lui arrachons ses secrets. — Celui qui veut gagner doit *nécessairement* faire des avances. — Tous les hommes aiment *naturellement* la liberté. — La libéralité nous attache *ordinairement* un domestique. — Quand nous avons perdu les biens dont nous jouissions, c'est alors que nous en sentons *véritablement* le prix. — Il y a telle occasion où bien *sûrement* il est plus avantageux de perdre que de gagner. — Quiconque s'attache à un luxe qui outre-passe ses moyens, s'expose *assurément* à de grands malheurs. — La bonne marchandise trouve *facilement* des acheteurs. — L'homme *vraiment* probe est celui qui ne se repent pas de l'être. — Un père se contente de punir *légèrement* une faute grave. — La valeur des biens de la fortune est dans l'âme de celui qui les possède : ce sont *réellement* des biens pour l'homme qui sait en jouir, et des maux pour celui qui en abuse. — On n'a pas de peine à croire ce qu'on désire *ardemment*.

Analyse.

Patiemment, adverbe formé de *patient* par le changement de nt en *mment*.

Promptement, adverbe formé de l'adjectif féminin *prompte* par l'addition de *ment*.

Essentiellement, adverbe formé de l'adjectif féminin *essentielle* par l'addition de *ment*.

Aisément, adverbe formé de l'adjectif *aisé* par l'addition de *ment*.

Profondément, adverbe formé de l'adjectif féminin *profonde* (dont l'e final s'est changé en é fermé) par l'addition de *ment*.

Poliment, adverbe formé de l'adjectif *poli* par l'addition de *ment*.

Lentement, adverbe formé de l'adjectif féminin *lente* par l'addition de *ment*.

Doucement, adverbe formé de l'adjectif féminin *douce* par l'addition de *ment*.

Hautement, adverbe formé de l'adjectif féminin *haute* par l'addition de *ment*.

Clairement, adverbe formé de l'adjectif féminin *claire* par l'addition de *ment*.

Légèrement, adverbe formé de l'adjectif féminin *légère* par l'addition de *ment*.

Inconsidérément, adverbe formé de l'adjectif *inconsidéré* par l'addition de *ment*.

Équitablement, adverbe formé de l'adjectif *équitable* par l'addition de *ment*.

Fréquemment, adverbe formé de l'adjectif *fréquent* par le changement de *nt* en *mment*.

Nécessairement, adverbe formé de l'adjectif *nécessaire* par l'addition de *ment*.

Naturellement, adverbe formé de l'adjectif féminin *naturelle* par l'addition de *ment*.

Ordinairement, adverbe formé de l'adjectif *ordinaire* par l'addition de *ment*.

Véritablement, adverbe formé de l'adjectif *véritable* par l'addition de *ment*.

Sûrement, adverbe formé de l'adjectif féminin *sûre* par l'addition de *ment*.

Assurément, adverbe formé de l'adjectif *assuré* par l'addition de *ment*.

Vraiment, adverbe formé de l'adjectif *vrai* par l'addition de *ment*.

Facilement, adverbe formé de l'adjectif *facile* par l'addition de *ment*.

Réellement, adverbe formé de l'adjectif féminin *réelle* par l'addition de *ment*.

Ardemment, adverbe formé de l'adjectif *ardent* par le changement de *nt* en *mment*.

CHAPITRE XLII.

DE LA PRÉPOSITION.

V. Grammaire, page 83.

Lecture.

C'est la pensée *de* Dieu qui fait *de* la conscience un si doux refuge.

Songe *à* ta mère, c'est la meilleure disposition *contre* les pensées dangereuses.

On prévoit les regrets *avant* la faute, mais on n'en connaît bien toute l'amertume qu'après.

Le plus bel enfant qui se mire, à coup sûr s'enlaidit *par* une grimace *de* vanité.

Plaignons l'enfant sifflé qui n'est jamais lui-même, et qui rend note *pour* note l'air de la serinette.

On n'est heureux que *par* la vertu : méritez *d'*être heureux, vous trouverez le bonheur *dans* la conscience.

La cataracte du Niagara se trouve *auprès des* limites des États-Unis et du Canada.

Le génie et la vertu marchent *à travers* les obstacles.

Soyez prodigue *envers* les malheureux, économe *chez* vous, et fidèle *à l'égard de* vos amis.

Analyse.

De, préposition, parce qu'il sert à lier *Dieu* au mot *pensée.*

De, préposition, parce qu'il sert à lier *conscience* à *fait.*

A, préposition, parce qu'il sert à lier *la mère à songe.*

Contre, préposition, parce qu'il sert à lier *pensées à disposition.*

Avant. préposition, parce qu'il sert à lier *faute à regrets.*

Par, préposition, parce qu'il sert à lier *grimace à enlaidit.*

De, préposition, parce qu'il sert à lier *vanité à grimace.*

Pour, préposition, parce qu'il sert à lier *note à note.*

De, préposition, parce qu'il sert à lier *serinette à air.*

Par, préposition, parce qu'il sert à lier *vertu à que.*

De, préposition, parce qu'il sert à lier *être heureux à méritez.*

Dans, préposition, parce qu'il sert à lier *conscience* à *bonheur.*

Auprès de, locution prépositive, parce qu'elle sert à lier *limite à trouve.*

A travers, locution prépositive, parce qu'elle sert à lier *obstacle à marchent.*

Envers, préposition, parce qu'il sert à lier *malheureux à prodigue.*

Chez, préposition, parce qu'il sert à lier *vous à économe.*

A l'égard de, préposition, parce qu'il sert à lier *amis à fidèle.*

Dictée.

(Indiquer et analyser les prépositions et les locutions prépositives.)

La France s'étend *depuis* le Rhin *jusqu'à* l'Océan. — Les talents produisent *suivant* la culture. — Dieu cache un mérite *sous* chaque peine *pour* qu'on la supporte *avec* courage et résignation.—L'un *des* meilleurs remèdes *contre* nos propres chagrins, c'est *de* chercher *des* consolations *pour* les chagrins *des* autres. — L'accomplissement *des* devoirs se lit *sur* le visage. — L'espérance paresseuse *de* devenir riche, habile, considéré, *sans* travail, *sans* efforts et *sans* vertu, n'est qu'une espérance folle et sujette *à* mécompte.

— Ne cherchons point *à* parer nos mérites : *en* pareil cas, qui veut retoucher efface. — Tout est difficile *pour* qui veut bien faire : tout devient facile *à* qui fait beaucoup *avec* ardeur et patience. — Élevons-nous notre pensée *vers* Dieu, déjà nous devenons meilleurs : il semble qu'il y ait *dans* la prière comme une première ablution *de* l'âme. —*Sous* toute action vertueuse, il y a *du* bonheur *en* germe ou *en* maturité. — Heureux le mortel qui peut découvrir la vérité *à travers* les voiles *du* mensonge *dont* la cupidité humaine les couvre ! — L'âge nous enlève tout, *jusqu'à* l'esprit même. — Chacun a ses défauts ; mais les nôtres sont *derrière* notre dos, nous ne les voyons pas. — Rien n'est plus sot que *de* rire *sans* motif. — *Loin de* nous l'homme qui vend sa conscience.

Analyse.

Depuis, préposition.	*Sans*, préposition.
Jusqu'à, locution prépositive.	*A*, préposition.
Suivant, accident. prépositive.	*Dans*, préposition.
Sous, préposition.	*En*, préposition.
Pour, préposition.	*Vers*, préposition.
Avec, préposition.	*A travers*, locution prépositive.
De, préposition.	*Derrière*, préposition.
Contre, préposition.	*Loin de*, locution prépositive.
Sur, préposition.	

INSTRUCTION. — Le maître ou le moniteur devra demander 1° pourquoi tel mot est une préposition, une locution prépositive ou un mot pris accidentellement comme préposition ; 2° quels sont les mots que cette préposition etc., sert à lier.

CHAPITRE XLIII.

DE LA CONJONCTION.

V. Grammaire, page 85.

Lecture.

On recommence ses fautes *quand* on les oublie.
Ne débite point de belles maximes, *mais* fais ce qu'elles prescrivent.
Les premiers jours du printemps ont moins de grâce *que* la vertu naissante d'un jeune homme.

Nul ne peut être homme *s'il* ne jouit de sa propre estime.

Sachez vous respecter vous-même, *et* personne ne vous fera rougir.

Ne jugeons promptement de personne *ni* en bien *ni* en mal.

On s'expose à passer pour un sot, *lorsqu*'on répète les sottises d'autrui.

La patience est une présomption de force *ou* d'habileté : elle devient un présage de succès *dès qu*'elle se joint à la persévérance !

Fais du bien aujourd'hui *puisque* tu vis encore.

Analyse.

Quand,	conjonction, parce que ce mot sert à lier *on recommence ses fautes* à *on les oublie.*
Mais,	conjonction, parce qu'il sert à lier *ne débite point de belles maximes* à *fais ce qu'elles prescrivent.*
Que,	conjonction, parce qu'il sert à lier *les premiers jours du printemps ont moins de grâce à la vertu naissante d'un jeune homme (a de grâce.)*
Si,	conjonction, parce qu'il sert à lier *nul ne peut être heureux* à *il ne jouit de sa propre estime.*
Et,	conjonction, parce qu'il sert à lier *sachez vous respecter vous-même* à *personne ne vous fera rougir.*
Ni,	conjonction, parce qu'il sert à lier *ne jugeons promptement de personne* à *il ne faut en juger en bien, etc.*
Lorsque,	conjonction, parce qu'il sert à lier *on s'expose à passer pour un sot* à *on répète les sottises d'autrui.*
Ou,	conjonction, parce qu'il sert à lier *la patience est une présomption de force* à *la patience est une présomption d'habileté.*
Dès que,	locution conjonctive, parce que ces deux mots servent à lier *elle devient un présage de succès* à *elle se joint à la persévérance.*
Puisque,	conjonction, parce qu'il sert à lier *fais du bien aujourd'hui* à *tu vis encore.*

Dictée.

(Indiquer et analyser les conjonctions et les locutions conjonctives.)

On parle peu *quand* la vanité ne fait pas parler. — Il faut être docile *lorsqu*'on nous reprend. — Évitez l'oisiveté, *parce qu*'elle est la mère de tous les vices.—Je pense, *donc* Dieu existe. — Il y a bien des gens qu'on estime *parce qu*'on ne les connaît pas. — On n'est pas bien, *dès qu*'on veut être mieux. — Le vent est plus ou moins froid, *selon* qu'il nous vient du nord ou du sud. — Comment ne tiendrions-nous pas à l'espérance, *puisque* espérer c'est être heureux ? — La bonté est presque un vice, *quand* elle dégénère en faiblesse. — Que la beauté a de charmes *lorsqu*'elle est unie à la sagesse ! — Il n'y a rien de petit, *dès que* le génie s'en empare. — Les diamants ont leur prix, *mais* les bons conseils n'en ont pas. — Les occasions n'autorisent pas le juste contre le devoir, *parce que* les occasions ne changent rien aux règles. — Nous ne remplaçons jamais l'honneur par la gloire, *ni* le bonheur par le plaisir. — *Pendant que* nous causons, la mort arrive et nous enveloppe de ses ombres. — *Comme* un vaisseau est plus en sûreté *quand* deux câbles l'attachent au rivage, *de même* une mère est plus tranquille *quand* elle a deux enfants. — C'est dans l'enfance, *quand* l'âme est susceptible de toutes les impressions, *qu'il* faut s'appliquer à former le caractère. — Le temps fuit, *et* la perte en est irréparable. — A la guerre, qu'importe *que* ce soit la ruse *ou* le courage qui procure la victoire ?—Pouvons-nous compter sur aucun succès, *quand* le ciel est contre nous ? — On peut rabaisser l'orgueil d'une nation, *mais* on doit épargner celles qu'on a soumises. — *Tandis que* nous parlons, le temps jaloux s'enfuit : jouissez du moment présent, sans compter sur le lendemain. — Heureux qui sait se contenter de peu ; son sommeil n'est troublé *ni* par les craintes *ni* par les désirs honteux de l'avarice ! — A quoi servent les lois, *si* nous n'avons pas de mœurs ? — On jouit de soi-même ; on est content, *lorsqu*'on peut dire chaque jour : J'ai vécu.

Analyse.

Quand, conjonction.	*Ni*, conjonction.
Lorsque, conjonction.	*Pendant que*, locut. conjonct.
Parce que, locution conjonct.	*Et*, conjonction.
Donc, conjonction.	*Que*, conjonction.
Dès que, locution conjonct.	*Ou*, conjonction.
Selon que, locution conjonct.	*Tandis que*, locution conjonct.
Puisque, conjonction.	*Si*, conjonction.
Mais, conjonction.	

INSTRUCTION. — Le maître ou le moniteur devra demander pourquoi tel mot est une conjonction ou une locution conjonctive, et quels sont les membres de phrase que cette conjonction ou locution conjonctive sert à lier.

CHAPITRE XLIV.

DE L'INTERJECTION.

V. Grammaire, page 88.

Lecture.

Ah! s'il est un heureux, c'est sans doute un enfant.
Ah! vous vous emportez.
Beaux-arts, *eh!* dans quel lieu n'avez-vous droit de
   plaire?
Ha! ha! monsieur est Persan?
Ah! pleure, fille infortunée.
Eh! qui n'a pas pleuré quelque perte cruelle!
Ouf! je me sens déjà pris de compassion.
Hé! monsieur, peut-on voir souffrir les malheureux?
Tout passe donc, *hélas!* sur cette pauvre terre.
Ma robe vous fait honte, un fils de juge, *ah! fi!*

Analyse.

Ah,   interjection, parce que ce mot se jette dans le discours,
       pour exprimer une émotion, une affection vive et
       subite de l'âme.
Ah,   interjection qui marque l'admiration.
Eh,   interjection qui exprime la douleur.
Ha,   interjection qui marque l'étonnement.
Ah,   interjection qui exprime la douleur.
Eh,   interjection qui marque la surprise.
Ouf,   interjection qui marque l'oppression.
Hé,   interjection de douleur.
Hélas, interjection qui marque la douleur.
Fi,   interjection qui marque le mépris.

Dictée.

(Souligner et analyser les interjections suivantes.)

Eh! la peur se corrige-t-elle? — *Ha!* l'homme savant,
on vous y prend aussi. — *Ah!* que de la vertu les charmes
sont puissants! — *Oh!* que la nature est sèche, expliquée
par des sophistes! — *Ouf!* aye! je n'en puis plus. — Elle
m'étrangle, *ay! ay!* — *Aye! ouf!* on m'estropie. — *Ah!*

je les reconnais, mes aimables abeilles. — *Bon !* parlez-lui du ciel, il répond d'un sourire. — *Chut !* je veux à vos yeux leur en faire un affront. — *Hé bien !* c'en est donc fait ! — *Hélas !* sans la santé, que m'importe un royaume ? — *Ho ! ho !* qui te peut amener ? — *Holà !* ho ! Sganarelle. — *Ah !* qu'un père est heureux quand il voit son fils revenu de son égarement !—*Eh bien !* me faudra-t-il attendre encore longtemps ?—*Eh !* cela ne va pas si vite que ta tête. *Hé ! hé !* d'où vient donc ce plaisant mouvement ? — *Hé bien !* ne l'avais-je pas deviné ? — *O perfidie, ó crime, ó douleur éternelle ! Oh !* ce n'est pas à vous que je fais des remontrances. — *Holà !* quelqu'un ; qu'on reste à cette porte. — *Ca !* pour nous élargir, sautons par la fenêtre. — *Ho, là, paix !* monsieur le savant. — *Là,* le malheureux, il s'est laissé tomber ! — *Holà !* d'où te vient donc ce transport furieux ?—*Las !* que dois-je maintenant à vos soins obligeants ? *Hé ! là !* ne sais-tu pas bien ce que je veux dire ? — *Hem !* vous verrez comme ce terrain profitera entre vos mains.—*Hem !* qu'est-ce que vous dites là ? —Comment nous y prendrons-nous ? bon ! attendez.—Qui va là ? *Euh !* ma peur s'accroît à chaque pas. — *Ouais !* est-ce ainsi qu'on parle ! — *Fi donc !* ces médecins sont de plaisantes gens.

Instruction. Le maître ou le moniteur demandera pourquoi les mots imprimés en italique, dans la dictée précédente, sont des interjections ou des mots employés interjectivement.

DEUXIÈME PARTIE.

DE LA SYNTAXE.

CHAPITRE XLVI.

FONCTIONS DU NOM.

V. Grammaire, page 91.

Lecture.

L'homme est né pour régner sur tous les animaux.
La cupidité rend *l'homme* injuste envers les autres
hommes.
Tout dans *l'homme* est masqué.
On peut compter sur les *hommes*.
Alexandre lui-même se souvint alors qu'il était
homme.
O *hommes !* vous ne connaissez pas les objets que vous
avez sous les yeux.

Analyse.

L'homme,	Sujet, parce que c'est de lui qu'on affirme qu'il est né pour régner sur tous les animaux.
L'homme,	complément, parce qu'il complète le sens du verbe *rend* après lequel il est placé.
L'homme,	complément de la préposition *dans*, parce qu'il complète le sens de cette préposition.
Les hommes,	complément de la préposition *sur*, parce qu'il en complète le sens.
Homme,	attribut, parce qu'il s'affirme d'Alexandre ou de *il*, sujet de la proposition.
O homme,	apostrophe, parce qu'on en fait usage pour appeler.

Dictée.

(Indiquer la fonction que remplissent les noms.)

L'homme est le *roi* de la nature. — Un *père* en punissant, *madame*, est toujours *père*. — Le premier qui fut
roi fut un *soldat* heureux. — La *flatterie* est un *mensonge*.
— *L'homme* n'est *homme* que par la *raison*. — Le *courage* agrandit *l'esprit*. — *Émile* est et doit être *homme*,
Sophie est *femme*, voilà toute leur gloire. — La *femme*
doit prendre soin *du ménage*. — *L'épine* protége la *rose*.
— La *mort* ne surprend pas le *sage*. — O *mort !* lui di-

sait-il, que tu me sembles belle ! — *Passant,* va dire à Sparte que nous sommes morts ici pour obéir à ses saintes lois. — Les maximes *des hommes* décèlent leur cœur.—Il est rare que nous nous réconciliions avec *un homme* qui a blessé notre amour-propre. — Que *d'hommes* comme les plantes végètent sur cette terre!—La mort sépare les *hommes,* et les rejoint. — Tout rappelle *l'homme* à ses devoirs. — Il n'est rien qu'*un homme de bien* haïsse autant que la flatterie.—Ne cherchons point à obtenir d'*un homme* juste des choses contraires à la justice. — *Une femme* sans dot dépend entièrement de son mari. — *Tous les hommes* aiment naturellement la liberté. — Quand on réfléchit sur le sort *des hommes,* on trouve qu'ils sont bien peu de chose. — Il convient que *tout homme sage* commence par faire la chose dont on l'a chargé. — *Pour une femme,* la pudeur est préférable à la richesse des habits.—C'est être *un malhonnête homme* que de recevoir des services et de ne point en rendre quand on le peut. — *L'homme véritablement probe* est celui qui ne se repent pas de l'être. — Je suis *homme :* rien de ce qui intéresse mes semblables ne m'est étranger.

Analyse.

L'homme, sujet.	*La rose,* complément.
Le roi, attribut.	*La mort,* sujet.
La nature, complément.	*Le sage,* complément.
Un père, sujet.	*O mort,* apostrophe.
Madame, apostrophe.	*Passant,* apostrophe.
Père. attribut.	*Des hommes,* complément.
Roi, attribut.	*Un homme,* complément.
Un soldat, attribut.	*D'hommes,* complément.
La flatterie, sujet.	*Les hommes,* complément.
Un mensonge, attribut.	*L'homme,* complément.
L'homme, sujet.	*Un homme de bien,* sujet.
Homme, attribut.	*D'un homme,* complément.
La raison, complément.	*Une femme,* sujet.
Le courage, sujet.	*Tous les hommes,* sujet.
L'esprit, complément.	*Des hommes,* complément.
Émile, sujet.	*Tout homme sage,* sujet.
Homme, attribu	*Pour une femme,* complément.
Sophie, sujet.	*Un malhonnête homme,* attribut.
Femme, attribut.	*L'homme véritablement probe,* sujet.
La femme, sujet.	*Homme,* attribut.
Ménage, attribut.	
L'épine, sujet.	

CHAPITRE XLVII.

DU DOUBLE GENRE DE QUELQUES NOMS.

V. Grammaire, page 94.

Dictée.

Quelles délices peut-on comparer à celles que cause une bonne action ? — L'aigle est furieuse quand elle est privée de ses aiglons. — L'amour divin est la source de toutes les vertus. — Les solides vertus doivent être vos seules amours. — Les aigles romaines étaient peintes sur les drapeaux. — Que de pauvres gens ne pourrait-on pas soulager avec une couple d'écus ! — Son maître d'écriture lui donne rarement de nouveaux exemples. — La Framboisière, médecin de Henri IV, vantait l'orge mondé.

NOTA. Le défaut d'espace ne nous ayant pas permis de donner une plus longue dictée, le maître ou le moniteur pourra dicter les phrases suivantes aux élèves, en y introduisant à dessein quelques fautes que ces derniers devront corriger.

Dictée.

L'aigle est un ennemi terrible pour les oiseaux dont il fait sa pâture. — Le grand *œuvre* de la création a été achevé en six jours. — L'*aigle* romaine jetait l'épouvante parmi les ennemis. — A bon vin, nulle *enseigne*. — Sauteuil a composé de belles *hymnes*. — Des *amours* insensées perdirent Antoine et Cléopâtre. — On chante encore à l'Eglise des *hymnes* composées par Robert. — L'enfant sage fait les plus douces *délices* de sa mère. — Le spectacle de la mer inspire dans l'âme quelque *chose* de majestueux et d'infini. — Bossuet a été un *aigle* et Bourdaloue un *foudre* d'éloquence parmi les écrivains sacrés. — L'*hymne* de l'Ascension est une des plus touchantes de celles que l'Eglise chante dans les offices divins. — Les *hymnes* composés à la première révolution française respiraient le plus grand amour des combats. — En général, dans la zone tempérée les *automnes* sont pluvieux, les hivers froids, les printemps frais et les étés chauds.

CHAPITRE XLVIII.

GENRE DU MOT GENS.

V. Grammaire, page 96.

Lecture.

Les questionneurs les plus impitoyables sont les *gens vains* et *désœuvrés*.

Nous détestons les *gens* tantôt rouges, tantôt *blancs*.

C'est pour les *bonnes gens* que le ciel a créé les plaisirs innocents.

Les grands admirateurs sont pour la plupart de *sottes gens*.

Certaines gens étudient toute leur vie; à la mort, *ils* ont tout appris, excepté à penser.

Tous les honnêtes *gens* s'intéressent à un jeune homme instruit et modeste.

Analyse.

Gens vains et désœuvrés. On a mis *vains* et *désœuvrés* au masculin, parce que les adjectifs qui suivent le mot gens doivent se mettre au masculin.

Les gens... tantôt blancs. On a mis *blancs* au masculin, parce que cet adjectif suit le mot *gens*.

Les bonnes gens. On a mis *bonnes* au féminin, parce que cet adjectif précède le mot *gens*.

De sottes gens. Même analyse.

Certaines gens. Même analyse.

Ils ont tout appris. On a mis *ils* et non *elles*, parce que ce pronom est placé après le mot *gens*.

Tous les honnêtes gens. On a mis *tous* au masculin, parce que *honnêtes* qui précède le mot *gens* est un adjectif de tout genre.

Dictée.

Peu de gens savent être vieux. — Les gens heureux ne se corrigent guère. — L'homme sensible en voyage est tenté de s'arrêter chez les premières bonnes gens qu'il trouve. — Il faut savoir s'accommoder de toutes gens. — Les passions de la jeunesse ne sont pas plus opposées au salut que la tiédeur des vieilles gens. — Les faux honnêtes gens sont ceux qui déguisent leurs défauts aux autres et à eux-mêmes ; les vrais honnêtes gens sont ceux qui les connaissent parfaitement et les confessent. — Tous les gens gais ont le don merveilleux de mettre en train les gens sérieux.—De telles gens il est beaucoup qui prendraient Vaugirard pour Rome.

CHAPITRE XLIX.

NOMS SANS SINGULIER, SANS PLURIEL ; NOMS PROPRES.

V. Grammaire, page 98.

Lecture.

La *paresse* est la mère de tous les vices.
L'*or* est le plus précieux de tous les métaux.
Plusieurs *peu* font un beaucoup.
Les *quand*, les *qui*, les *quoi*, pleuvent de tous côtés.
Le cœur, l'esprit, les *mœurs*, tout gagne à la culture.
Les *si*, les *mais*, les *car*, les *donc*, abondent dans les
  plaidoyers.
Il ne faut pas toujours se fier aux *on dit*.
L'Espagne s'honore d'avoir produit les deux *Sénèque*.
Les pyramides de l'Egypte s'en vont en poudre, et
  les graminées du temps des *Pharaons* subsistent
  encore.
Un Auguste aisément peut faire des *Virgiles*.

Analyse.

La paresse,	nom qui ne s'emploie pas ordinairement au pluriel.
L'or,	nom qui ne s'emploie ordinairement qu'au singulier.
Plusieurs peu,	mot invariable employé comme nom, et qu ne change pas de terminaison.
Les qui, les quoi,	mots qui ne changent pas de terminaison, parce que ce sont des mots invariables de leur nature.
Les si, les mais, les car, les donc, les on dit,	même analyse.
Les mœurs,	nom qui n'a pas de singulier.
Les deux Sénèque.	Le mot *Sénèque* ne varie point, parce que c'est un nom propre.
Des Pharaons.	Ce nom varie, parce que les noms de dynasties ou de certaines familles où il

y a succession d'illustration, prennent le
signe du pluriel.

Des Virgiles.   Ce nom propre varie, parce qu'il est employé comme nom commun.

Dictée.

Donnez-moi des *Davids* et des *Pharaons* amis des peuples de Dieu, et ils pourront voir des *Nathans* et des *Jo-
sephs.* — Qu'un Molière s'élève, il naîtra des *Barons.* —
Les *Stentors* des salons sont pour nous, un supplice. —
C'est alors qu'écrivaient les *Molière,* les *La Fontaine,* les
Racine, les *Boileau.* — Les *Charlemagne* et les *saint
Louis* relevèrent l'éclat de leur règne en relevant celui du
culte. — Ceux qui ont écrit l'histoire en France n'étaient
point des *Tacites.* — Ce furent les vices et les flatteries
des Grecs et des Asiatiques esclaves à Rome qui y formè-
rent les *Catilina,* les *César,* les *Néron.* — Si les qualités morales se transmettaient par la naissance, on verrait
des races invariables de *Socrates,* de *Catons,* de *Nérons,*
de *Tibères.* — L'art peut produire des milliers de *Théo-
crites* et de *Virgiles;* mais la nature seule crée des milliers de paysages nouveaux dans toutes les parties du
monde. — La plupart des *Mécènes* ont été des hommes peu
instruits.

CHAPITRE L.

PLURIEL DES NOMS TIRÉS DES LANGUES ÉTRANGÈRES.

V. Grammaire, page 100.

Dictée.

Nous devons à la lithographie de beaux *fac-simile.* —
Les *lazzaroni* forment une grande partie de la population
de Naples. — Il y a de l'abus à multiplier les *alinéa.* — Il
met tous les matins six *impromptus* au net. — Les mauvais écoliers sont accablés de *pensums* et privés d'*exeats.*
— Les bons écoliers obtiennent des *satisfecits,* et ont, à la
fin de l'année, des prix ou des *accessits.* — Il y a dans nos
opéras des *solos* et des *duos* charmants. — Les *quatuors*
de Fesca sont considérés comme son meilleur ouvrage.
— Les *concertos* de Leclerc eurent en France une grande
réputation. — Les *lazzaroni* vivent de peu et ne travail-
lent presque jamais. — Les *concertos* des Mozart et des

Viotti sont peut-être ce que la musique moderne a produit de plus beau. — Il y a souvent plus d'esprit dans un petit volume que dans de gros *in-folio*. — Les plus beaux écrits des Italiens abondent en *concetti*, c'est-à-dire en pensées brillantes, mais dépourvues de justesse. — Des *bravos* perfides ont du malheureux drame achevé le destin. — Quelques auteurs ont écrit l'histoire comme on fait des *opéras :* tout est imaginé pour produire de l'effet. — Louis XIV se plaisait et se connaissait aux choses ingénieuses, aux *impromptus*, aux chansons agréables.

CHAPITRE LI.

DU PLURIEL DES NOMS COMPOSÉS.

V. Grammaire, page 102.

Lecture.

Les *oiseaux-mouches* sont les bijoux de la nature.

Les *perce-neige* portent des fleurs au milieu de l'hiver.

On élève les *vers-à-soie* sur des mûriers.

La paresse et l'oisiveté sont les *avant-coureurs* de la misère.

Nos *arrière-neveux* nous imiteront si nous faisons de bonnes actions.

Les *loups-garous* n'épouvantent que les enfants.

Analyse.

Oiseaux-mouches,	est au pluriel, parce qu'il est formé de deux noms unis par un trait d'union.
Perce-neige,	est invariable, quoique formé d'un verbe et d'un nom. C'est une exception.
Vers-à-soie.	Le dernier nom est invariable, parce que toutes les fois qu'un nom composé est formé de deux noms unis par une préposition, le premier seul prend la marque du pluriel.
Avant-coureurs.	Le dernier varie, parce que le nom composé *avant-coureurs* est formé d'un nom et d'une préposition.
Arrière-neveux.	Même analyse.
Loups-garous,	varie, parce que ce nom composé est formé de deux noms.

Dictée.

Le Cid, Athalie, Alzire, sont des *chefs-d'œuvre* dramatiques.—Les *vole-au-vent* ne sont plus si légers qu'autrefois. — Les *garde-vue* garantissent les yeux d'une trop vive lumière. — Il y a des *garde-malades* dont les soins sont précieux.—Les *oiseaux-mouches* sont les bijoux de la nature. — Ces calculs sont de véritables *casse-tête*. — Aux environs des grandes villes il y a beaucoup de *pied-à-terre*. — Les *porte-drapeau* sont exposés. — Querelleurs et vaillants, les *rouges-gorges* ne peuvent voir de rivaux sans les combattre. — Des voyageurs prudents se munissent de *passe-port*. — Les *contre-coups* sont dangereux. — Il ne faut pas s'arrêter à la plupart des *ouï-dire*. — Les peintres ne pourraient travailler sans leurs *appuis-main*.

Nota. Les analyses étant faciles, nous nous bornerons maintenant à donner seulement le corrigé des dictées.

CHAPITRE LII.

DES NOMS UNIS PAR LA PRÉPOSITION *de*.

Voy. Gramm. p. 104.

Dictée.

La gelée de pomme est rafraîchissante. — Les menuisiers et les ébénistes se servent de la gélatine ou de la colle pour tenir rapprochées les pièces de bois; les fabricants de papier en font une grande consommation. — Sardanapale fut le premier qui fit usage de lit de plume. — Il y a au moins neuf cents cuves dans le royaume, dont chacune emploie environ quarante millions de chiffon. — Télémaque et Mentor le suivirent environnés d'une grande foule de peuple qui considérait avec empressement et curiosité ces deux étrangers. — On voit dans Paris des multitudes de femmes porter d'énormes paquets de linge sur le dos. — Je préfère une branche de lilas à un pot de giroflée. — De l'urne sortent des touffes de girofées jaunes, de pissenlits, et de longues gerbes de graminées saxatiles. — Les productions du palmier servent aux besoins journaliers d'une multitude de peuples. — C'est une obligation morale de rendre aux femmes les métiers qui leur appartiennent, comme ceux d'accoucheuse, de coiffeuse, de couturière, de marchande de linge et de modes. — On dit peu de choses solides, lorsqu'on cherche à en dire d'extraordinaires. — La proie est peu de chose, et ne plaît aux chasseurs qu'autant qu'elle a coûté de courses et de sueurs. — Le plus heureux est celui qui souffre le moins de peines; le plus misérable est celui qui sent le moins de plaisirs. — De tous les secours dont on peut soulager les malheureux, l'aumône est à la vérité celui qui coûte le moins de peine; mais il est aussi le plus passager et le moins solide. — Il a ses greniers pleins de blé, et ses caves pleines de vin. — Supposons que nos yeux aient le pouvoir de distinguer les objets qu'ils ne sauraient voir sans le microscope; une goutte d'eau dans laquelle on aurait fait tremper du poivre, une goutte de vinaigre nous paraîtrait comme un lac, ou une rivière pleine de poissons. — La loutre est un animal vorace, plus avide de poisson que de chair. — En traversant Lorient, nous avons vu toute la place couverte de poisson. — On dit que les rameaux portés par les disciples de Jésus-Christ étaient des rameaux d'olivier et de saule.

CHAPITRE LIII.

EMPLOI DE L'ARTICLE.

(Rendre compte des expressions suivantes.)

Dictée.

Une arme à feu. — Un pot-au-feu. — Une machine à vapeur. — Le pot à l'eau. — Une cafetière d'eau bouillante. — La vapeur de l'eau bouillante. — La forme du gouvernement. — La meilleure forme de gouvernement. — Un homme d'état. — Les intérêts de l'État. — Les gens d'église. — L'esprit de l'Église. — Les affaires de commerce. — La prospérité du commerce. — Un fils de roi. — Le fils du roi. — Des jeux d'enfant. — Le caractère des enfants. — Les coups de soleil. — Les rayons du soleil. — Des affaires d'intérieur. — Le ministre de l'intérieur. — Les lois de finances. — Le budget des finances. — Les fleurs d'été. — Les chaleurs de l'été. — Des bouches de chaleur. — Les influences de la chaleur. — Des hommes de génie. — Un officier du génie. — De l'eau de mer. — L'eau de la mer. — De l'eau de rivière. — De l'eau de la rivière. — Une table de seigneur. — Les droits du seigneur.

— Un homme de guerre. — Les désastres de la guerre. — Un amusement de prince. — Les plaisirs du prince. — Une cage à poulets. — La cage des poulets.

CHAPITRE LIV.

SUITE DE L'EMPLOI DE L'ARTICLE.

V. Grammaire, page 108.

Dictée.

On ne fait jamais de bien ou du bien à Dieu en faisant du mal aux hommes. — On ne dit jamais que l'on n'a point de l'esprit ou d'esprit. — Il y a des mauvais exemples ou de mauvais exemples qui sont pires que les crimes. — Proposons-nous des grands ou de grands exemples à imiter, plutôt que des vains ou de vains systèmes à suivre. — Ne débite point des ou de belles maximes; mais fais ce que ces maximes prescrivent. — Le plus grand plaisir que l'élévation donne est celui de faire de ou du bien. — On aime ceux auxquels on a fait de ou du bien; on hait ceux auxquels on a fait de ou du mal. — Ce n'est pas sans raison que la nature a donné de ou des épines aux roses. — Les philosophes étaient de mauvais ou des mauvais garants de leurs magnifiques promesses. — On ne saurait donner de mérite ou du mérite à ceux qui n'en ont pas. — Ceux qui accusent César d'avoir donné des feintes ou de feintes larmes au malheur de Pompée, connaissaient mal les nobles sentiments d'un cœur aussi grand que le sien. — L'ingratitude ne doit pas empêcher de faire de ou du bien. — Il est aussi honteux de savoir des ou de certaines choses qu'il est honteux d'en ignorer d'autres. — Il est plus difficile de faire de ou du mal que de faire de ou du bien. — La nature fait rarement de ou des héros, et la fortune ne déclare pas tous ceux qu'elle a faits. — Les Paul Émile et les Scipion ont été des ou de grands hommes et des ou de fort honnêtes gens. — Quand on voit quelqu'un faire de ou des fautes, il faut toujours se demander à soi-même, comme Platon, ne lui ressemblé-je pas? — Celui qui est là-haut dicte de ou des lois aux grands de la terre. — Ceux qui ont besoin du secours de Dieu ne trouvent jamais entre eux et lui des ou de barrières impénétrables.

CHAPITRE LV.

EMPLOI DE L'ARTICLE APRÈS LES NOMS COLLECTIFS ET LES PRÉPOSITIONS.

V. Grammaire, page 110.

Dictée.

Que des ou de Pygmées pour un Hercule ! — L'ambition qui s'établit par de ou des crimes se détruit. — Souvent les stupides passent pour de ou des sages. — On orne sa chevelure des ou de fleurs et des ou de rubans ; on choisit pour sa toilette la plus jolie ceinture, l'écharpe la plus élégante ; le goût, l'imagination, la fortune, se cotisent pour ajouter aux agréments extérieurs : il ne tient qu'à nous de parer aussi notre âme des ou de bonnes actions et des ou de bons sentiments. — L'étude nous procure la compagnie des gens de bien et beaucoup des amis ou d'amis. — Un homme qui a des espérances pour des ou de longues années, fournit ordinairement une longue carrière. — Le courage a plus des ou de ressources contre les disgrâces que la raison. — Que des hommes ou que d'hommes, comme des plantes, végètent ou ont végété sur cette terre ! — Des coupables bourrelés des ou de remords ont imaginé l'athéisme. — Environnés d'une foule des ou de préjugés, nous envisageons rarement les choses sous leur véritable point de vue.

CHAPITRE LVI.

DE LA RÉPÉTITION DE L'ARTICLE.

V. Grammaire, page 112.

Dictée.

Du temps de Philippe le Bel, il n'y avait que les ducs, comtes et barons dont les femmes eussent le droit de se donner quatre robes par an. — L'amour pour ses père et mère est la base de toutes les vertus. — Les grandes et les fortes pensées viennent du cœur. — Si presque tous les nègres sont camus, c'est, dit-on, parce que les père et mère écrasent le nez à leurs enfants. — Le but des philosophes

anciens et modernes est de porter les hommes à la vertu.
— La possession des faux biens du monde ne peut procurer
qu'une fausse et une trompeuse félicité. — Si vous ne vous
acquittez pas de la dette immense que votre enfance a
contractée avec vos père et mère, vous encourrez l'ani-
madversion de tous ceux qui sont honnêtes parmi les pères,
mères et enfants. — La bonté et la puissance de Dieu sont
infinies. — Dans le nœud cher et sacré qui nous unit, nous
ne serons plus entre nous que des sœurs et des frères. —
Le torrent entraîne par sa rapidité les moissons, les
granges, les étables et les troupeaux. — Le nombre des
bœufs, des vaches et des veaux que possèdent les Hottentots
peut être évalué à trois mille.

CHAPITRE LVII.

ACCORD DES ADJECTIFS.

V. Grammaire, page 114.

Dictée.

Les singes font des gestes et des grimaces extravagantes.
— Les habitants du détroit de Davis mangent leur poisson
et leur viande crue. — Les oiseaux construisent leurs nids
avec un art, une industrie merveilleuse. — Philippe montra partout un courage et une prudence supérieure à son
âge. — La vraie modestie a un naturel et une bonhomie
inimitables. — Le grand Condé était d'une bonté, d'une affabilité charmante. — C'est au mérite et à la vertu seuls
que devraient être réservés les dignités et les honneurs. —
Dans la Laponie, la ronce, le genièvre et la mousse font
seuls la verdure de l'été. — Dieu et sa seule volonté rend
toutes les choses agréables. — La véritable gloire et le véritable intérêt sont connus de bien peu de gens. — La patience d'Épictète et la brutalité de son maître sont également insupportables. — La flatterie et l'envie sont insé-
parables de la grande fortune. — Alexandre et César étaient
grands et incomparables, mais ils avaient de grands défauts
qu'il faut pardonner à leur mérite extraordinaire. — La
raison et la vérité sont rarement brouillées ensemble. — Le
mérite et la vertu ne sont attachés ni à l'habit, ni à la
condition, ni au pays. — La nourriture, le repos et les di-
vertissements sont également nécessaires.

CHAPITRE LVIII.

DES ADJECTIFS *cher, demi, nu, feu*, ETC.

V. Grammaire, page 116.

Dictée.

Diogène marchait nu-pieds et couchait dans un tonneau.
— Les orangs-outangs marchent droits comme l'homme.
— Les centaures étaient des monstres demi-homme, demi-
cheval. — Henri IV dans sa jeunesse allait toujours nu-
tête. — Il est bon d'habituer les enfants à coucher tête
nue. — En Laponie une peau d'hermine coûte quatre ou
cinq sous: la peau de cet animal sent très-mauvais. — Les
manchons de genette étaient à la mode il y a quelques années et se vendaient fort cher. — Tous les honneurs paraîtraient payés trop cher à l'homme s'ils lui avaient coûté
quelque bassesse. — Les sténographes écrivent les discours
aussi vite qu'on les prononce. — On doit éviter presque
autant que le mal les demi-remèdes dans les grands maux.
— La rose, la violette et l'œillet sont odorants; ces fleurs
sentent bon. — Les lions de petite taille ont environ cinq
pieds et demi de longueur, sur trois pieds et demi de hauteur. — Les belles-de-jour ne durent qu'une demi-jour-
née. — Les sauvages, qui vont presque nus, sont d'une
santé vigoureuse. — Les Français parlent vite et agissent
quelquefois lentement. — Les anciens allaient tête nue.
— Henri IV fut assassiné à trois heures et demie du soir.
— Les Écossais sont habitués à aller nu-jambes. — Les
demi-mesures sont funestes. — La pendule marque cinq
heures et demie. — La demi-aune vaut vingt-deux pouces.
— La girafe a treize pieds et demi. — On voit des sauvages
aller nu-pieds, nu-jambes et tête nue.

CHAPITRE LIX.

VINGT, CENT, MILLE.

V. Grammaire, page 118.

Dictée.

En Norvége, un homme de quatre-vingts ans et même
de cent ans ne passe pas pour être hors d'état de travailler. — On admire à Strasbourg la tour de la cathédrale, à

laquelle on travailla cent soixante-deux ans, et qui a cinq cent soixante-quatorze pieds de haut. On y monte par un escalier qui a six cent trente-cinq marches. Le pont de bois entre cette ville et Kehl a, près de six cents pieds de long. — Le puits de Joseph en Égypte a cent quatre-vingts pieds de profondeur. — Rome est à trois cent vingt-sept lieues de Paris, à quatre cent vingt-trois lieues de Londres, à cinq cent quinze de Stockholm, à six cents de Madrid. — En six cent soixante-quatre, le verre fut inventé en Angleterre par le moine Bénalt. — Jacob vécut cent quarante-sept ans, Joseph cent dix ans. — Les chiffres arabes furent apportés en France par les Sarrasins, en neuf cent quatre-vingt onze. — Clovis fut baptisé en quatre cent quatre-vingt seize, et mourut en cinq cent onze. — L'an quatre cent, les cloches furent inventées par l'évêque Paulin. — Le gouffre de Maëlstrom, dans les mers de Norvége, a, dit-on, quatre cents toises de profondeur; mais ceux qui le disent, l'ont-ils mesuré? — Nous avons un grand nombre d'exemples d'hommes qui ont vécu cent dix et même cent vingt ans. — On sait de cent auteurs l'aventure tragique. — De mille enfants nés dans une même année, il en reste à peine six cents au bout de vingt ans. — On y voit des vieillards de cent et de six vingts ans. — Siccius Dentatus, ce fameux plébéien, s'était trouvé à six vingts combats. — Le climat de l'Inde est, sans contredit, le plus favorable à la nature humaine. Il n'est pas rare d'y voir des vieillards de six vingts ans. — Le soleil est un corps céleste un million trois cent quatre-vingt-quatre mille quatre cent soixante-deux fois plus gros que la terre. — En l'an du Christ mil sept cent quatre-vingt. — Léon III proclama Charlemagne empereur d'Occident pendant la messe, le jour de Noël, en huit cent. — Un des rois dont la mémoire est la plus respectée chez les Anglais est Henri Ier, le troisième qui, depuis la conquête, commença à régner en onze cent. — Vers l'an treize cent, la succession au royaume d'Écosse était contestée. — Henri IV, empereur d'Allemagne, fut excommunié par Grégoire VII en l'année mil quatre-vingt. — Mille gens se ruinent au jeu, et nous disent froidement qu'ils ne sauraient se passer de jouer. — Il alla visiter le champ de bataille, qu'il trouva couvert de plus de cinquante mille morts.

CHAPITRE LX.

MÊME, TOUT.

V. Grammaire, page 120.

Dictée.

Les menaces, les supplices, les tortures même, n'abattirent jamais la fermeté d'Éléazar. — Les hommes même n'ont pas en Perse la même gaieté que... — Les lois absurdes s'abolissent d'elles-mêmes. — Celui qui aime le travail a assez de soi-même. — Souvent le ciel, sans nous consulter, dispose de nous-mêmes. — La bienveillance plaît à tous, même aux rois. — Les goûts sont différents, souvent même opposés. — Les déserts, les ruines même ont des charmes. — Les rois mêmes sont sujets à la mort. — Tout passe : les plaisirs, les douleurs même s'envolent sur les ailes du temps. — Les animaux, les plantes, les légumes même, étaient adorés en Égypte. — Ses amis mêmes avaient peine à le reconnaître. — Tout changea en France : les vêtements même s'altérèrent. — D'autres femmes, des bêtes même, pourront lui donner le lait qu'elle lui refuse. — Tout grands que sont les rois, que sont-ils sans la justice ? — La terre est toute fendue pendant une longue sécheresse. — Les négresses aiment les robes toutes blanches. — Tout parfaits que sont les sages, ils ont encore bien des défauts. — Tout admirables, tout étonnantes, toutes nombreuses qu'étaient les qualités militaires de Charles IX, on ne peut s'empêcher de blâmer sa témérité. — Toute héroïque que fut Jeanne d'Arc, toute courageuse qu'elle fut, tout attachée qu'elle se montra à Charles VII, ce prince ne songea pas à venger sa mort. — Toute grande qu'était la vaillance des Romains, elle était moins bouillante que celle des Gaulois, qui se faisaient gloire de combattre demi-nus. — Toute fière, tout altière qu'était Élisabeth d'Angleterre, elle était tout autre avec les simples particuliers. — Tout affreuses, tout horribles, toutes révoltantes que furent les cruautés de Tibère, elles n'égalèrent pas celles de Néron. — Tout injurieuses, tout offensantes que sont vos paroles, je n'y fais aucune attention. — Tout estimables que soient les qualités du corps, elles sont au-dessous de celles du cœur. — Votre jument est arrivée toute haletante, tout en sueur. — Toutes vertueuses, tout estimables qu'étaient les femmes de Lacédémone, on doit leur reprocher de l'affectation et une certaine rudesse. — Toute belle, tout aimable qu'est la vérité, loin de se présenter toute nue, elle est souvent obligée de se montrer à demi voilée.

CHAPITRE LXI.

DES ADJECTIFS *quel que, quelque, chaque, nul, aucun.*

V. Grammaire, page 122.

Dictée.

Quelque occupés que nous soyons, il y a des heures perdues qu'il faut employer dignement. — Quelque faibles que soient les princes, ils ne sont jamais si gouvernés que l'on pense. — Quelques bontés qu'on ait pour ses amis et ses domestiques, il faut les persuader qu'on peut se faire craindre. — Quelque grands que fussent les généraux et les magistrats athéniens, tout intègres, tout habiles qu'ils étaient, l'exil était souvent leur récompense. — Quelque savants, quelque éclairés, quelque curieux qu'ils soient d'apprendre, ils ignorent cependant bien des choses. — Quelque cruels que soient des tigres, ils ne s'entr'égorgent pas. — Quelque puissants que soient les éléphants, il y a, dit-on, en Amérique des animaux plus forts qu'eux. — Quelques trésors que nous possédions, nos désirs ne sont jamais satisfaits. — Quelque puissants, quelque élevés que soient les rois, ils sont ce que nous sommes. — Quelques charmes que je trouve dans votre société, toute spirituelle, tout aimable que vous êtes, je me vois obligé de vous quitter. — Quelques victoires qu'ait remportées Alexandre, quelques lauriers qu'il ait cueillis, quelques nations qu'il ait soumises, je le regarde, ainsi que tous les conquérants, comme un des fléaux du genre humain.—Quelle que soit votre misère, quels que soient vos chagrins, supportez-les avec résignation. — Quels que soient vos talents, quelles que soient vos richesses, quelle que soit votre considération dans le monde, gardez-vous de vous glorifier de ces avantages. — Quelle que soit la bonté de Dieu, quelle que soit sa clémence, quelques sentiments d'amour qu'il ait pour les hommes, craignons d'abuser de sa miséricorde. — Quelle que fût la force du lion, il se laissa vaincre par une mouche. — De quelques vertus que fût doué Vespasien, quelle que fût la tendresse du peuple à son égard, Titus, son fils, fut plus vertueux et plus populaire encore.

— Quelques services que vous rendiez à un ingrat, quelque bonté que vous lui témoigniez, c'est un serpent que vous réchauffez dans votre sein.

CHAPITRE LXII.

EMPLOI DE *son, sa, ses, leur,* OU DE *en.*

V. Grammaire, page 124.

Dictée.

Paris est superbe ; les étrangers en admirent les bâtiments. — En moissonnant trop tôt les fleurs du bel âge, on n'en recueille point les fruits. — Pourquoi craindre la mort, si l'on a assez bien vécu pour ne pas en craindre les suites ? — Plus le péril est grand, plus doux en est le fruit. — Si la pauvreté est la mère des crimes, le défaut d'esprit en est le père. — L'esprit est la fleur de l'imagination, le jugement en est le fruit. — La bonté, la douceur, loin de s'opposer à la gloire, en sont à la fois la base et l'ornement. — Cassius porte en même temps un coup dans le visage du soldat, et Brutus lui perça la cuisse (du soldat). — Ce malheureux paysan tomba de cheval, et se cassa la jambe. — Si l'enfant tombe de son haut, il ne se cassera pas la jambe ; s'il se frappe avec un bâton, il ne se cassera pas le bras. — Nous ne nous fâchons pas si on nous dit que nous avons mal à la tête, et nous nous fâchons de ce qu'on dit que nous raisonnons mal. — Le bain m'a renforcé les jambes et fortifié la poitrine. — Tout l'univers a les yeux sur vous. — C'était la belle parole qu'il avait toujours à la bouche. — L'auteur d'un bienfait est celui qui en recueille le fruit le plus doux. — Quand on est dans le pays des fictions, il est difficile de ne pas en emprunter le langage.

CHAPITRE LXIII.

PLACE DES PRONOMS PERSONNELS EMPLOYÉS COMME SUJETS.

V. Grammaire, page 126.

Dictée.

Comment ferais-je pour vivre, si je n'avais pas de bons parents qui prissent soin de moi ? — Voyons, que ferai-je aujourd'hui ? — Puissé-je vous voir un jour plus heureux.

— Dussé-je mourir, jamais on ne me verra soutenir un mensonge. — Eussé-je le moyen de sauver un ami par le mensonge, peut-être hésiterais-je encore. — Fis-je mal en disant la vérité? — Dieu laissa-t-il jamais ses enfants au besoin? — Mais pourquoi cherché-je ailleurs ce qu'on trouve chez nous? — Dussé-je après dix ans voir mon palais en cendres? — Veillé-je? puis-je croire un semblable dessein? — Quand Dieu par plus d'effets montra-t-il son pouvoir? — Le malheur ne serait-il bon qu'à mettre un sot à la raison, toujours serait-ce à juste cause qu'on le dit bon à quelque chose.

CHAPITRE LXIV.

PLACE DES PRONOMS EMPLOYÉS COMME RÉGIMES.

V. Grammaire, page 128.

Dictée.

Les impressions du cœur sont rarement trompeuses; il faut t'y abandonner, si tu veux être heureux. — Mon innocence est le seul bien qui me reste, laissez-la-moi. — Je pars pour visiter la patrie de Thémistocle, accompagnez-y-moi, et rien ne manquera à ma satisfaction. — Dans le péril, lorsque tu trouves un vieil ami, confie-toi à lui. — Tu as reçu des bienfaits de tes parents; rappelle-le toi, pour oublier leurs torts s'ils en ont. — Comme il a fait, fais-lui; et si c'est mal, pardonne-le lui. — Ce séjour est l'asile du repos; il faut s'y réfugier. — Si votre ami vous demande une chose injuste, refusez-la-lui. — Montrez-moi celui qui a pu arriver à trente ans sans être détrompé. Montrez-le-moi, ce mortel privilégié. — Mets-toi cela dans l'esprit: qui fait mal trouve mal. — L'enfant aperçoit-il une araignée? au lieu de vous empresser de la tuer, laissez-la-lui prendre dans sa main. — Les péchés que nous avons commis, ô Dieu, pardonnez-les-nous, comme nous les pardonnons aux autres. — Vos amis ont-ils des vices? reprochez-les-leur.

CHAPITRE LXV.

RÉPÉTITION DES PRONOMS PERSONNELS.

V. Grammaire, page 130.

Dictée.

Les grandes prospérités nous aveuglent, nous transportent, nous égarent. — O homme ! tu ne peux te connaître, et tu veux connaître les secrets de la nature. — Tu traverseras l'Océan Atlantique, tu côtoieras les comtés du sud de l'Angleterre, tu éprouveras peut-être quelques tempêtes dans la Manche, mais tu pourras t'arrêter dans quelques îles dont elle est parsemée ; puis tu prendras la même route que moi, et nous nous réunirons à Edimbourg. — Ton frère pourra faire le voyage plus agréablement que nous ; il ira par terre, voyagera dans le centre de l'Angleterre, visitera les villes manufacturières, et abrégera sa route quand il se servira des chemins de fer. — Auguste, accompagné de Livie, sa femme, fit son entrée triomphale à Rome. — Les consuls ne pouvant obtenir l'honneur du triomphe que par une conquête ou par une victoire, faisaient la guerre avec une impétuosité extrême. — Catilina se voyant environné d'ennemis, et n'ayant ni retraite en Italie, ni secours à espérer de Rome, fut réduit à tenter le sort d'une bataille. — Quand un homme est innocent, la pensée qu'on le croit coupable le poursuit, le tourmente, l'accablé.

CHAPITRE LXVI.

ÈMPLOI DES PRONOMS PERSONNELS.

V. Grammaire, page 132.

Dictée.

La terre, naturellement fertile, le serait bien davantage si elle était mieux cultivée. — Les Italiens passent pour être vindicatifs : on dit même qu'ils le sont à l'excès. — Les huiles dont se frottent certains peuples les font paraître plus olivâtres qu'ils ne le sont.—Le soleil et la lune semblent plus gros sur l'horizon qu'ils ne le paraissent au zénith.—Quand on demandait à Cornélie, mère des Gracques, si elle était riche, elle répondait : Je le suis ; et elle montrait ses enfants, qu'elle appelait ses bijoux et ses richesses. — Germanicus dit à ses soldats mutinés : Etes-vous Romains ? Nous le sommes, répondirent-ils. — Les biens sont relatifs, les maux le sont aussi. — L'avarice, l'ambition et la colère, sont des plaies plus grandes et plus dangereuses dans les âmes que les abcès et les ulcères ne le sont dans les corps. — Catherine de Médicis était jalouse de son autorité et le devait être.—Rectifiez vos pensées ; quand elles seront pures, vos actions le seront aussi.

— L'ange dit à Marie qu'elle serait la mère du Christ ; les prophètes avaient annoncé qu'elle la serait. — David et Salomon furent d'abord pieux et sages, mais ils ne le furent pas toujours.

CHAPITRE LXVII.

EN, Y, LEUR, SOI.

V. Grammaire, page 134.

Dictée.

Le souvenir de la vertu a surtout cela de bon qu'il y ramène. — L'oisif ne se repose pas, il fatigue les autres et lui-même. — Nous avons tous un lieu de refuge contre les chagrins de la vie : ce refuge est la pensée de Dieu ; mais pour en trouver le chemin dans les grandes occasions, il faut, dès la jeunesse, contracter l'habitude d'y recourir. — Songer à ses défauts pour s'en corriger ; penser à ceux qui nous entourent et chercher le bien qu'on peut leur faire ; élever son âme à Dieu, le prier pour soi et pour ceux qu'on aime ; voilà trois remèdes infaillibles contre l'ennui. — Quand une fois on a pris de mauvaises habitudes, il est bien difficile de s'en défaire. — On ne définira jamais assez bien la vertu pour en donner une idée parfaite ; il en est d'elle comme de ces fruits délicieux qu'on ne connaît bien qu'en les goûtant. — L'excuse qu'en soi-même on donne à ses défauts est le premier indice qu'on ne veut pas s'en corriger. — Si nous faisons cas de l'esprit, tâchons d'en avoir assez pour ne pas en faire parade, et triompher de la vanité qui le gâte ou le tue. — Si vous cherchez vous-même par vos discours à persuader les autres de votre mérite, c'est assez pour qu'ils s'obstinent à en douter. — Le sage n'est aigre et mordant que contre lui-même ; il est doux pour les autres.

CHAPITRE LXVIII.

EMPLOI DES PRONOMS DÉMONSTRATIFS ET DES PRONOMS RELATIFS.

V. Grammaire, page 136.

Dictée.

Le sentiment persuade mieux que la raison ; celle-ci trouve des juges, celui-là se fait des complices. — L'union des grands arbres avec les herbes, surtout avec celles qui sont appelées parasites, est une harmonie naturelle. — Le tigre est peut-être le seul animal dont on ne puisse fléchir le naturel. — C'est à Franklin que l'on doit la découverte des paratonnerres. — Il y a deux choses auxquelles il faut bien s'accoutumer : les injures du temps et les injustices des hommes. — Le corps périt et l'âme est immortelle : cependant on néglige celle-ci, et tous les soins sont pour celui-là. — La chose à laquelle l'avare pense le moins, c'est à secourir les pauvres. — Les Lapons Danois ont un gros chat noir auquel ils confient tous leurs secrets, et qu'ils consultent dans leurs affaires. — Le doute est une mer agitée dont la religion est le seul port. — La philosophie triomphe aisément des maux passés et à venir, mais les maux présents triomphent souvent d'elle. — Il n'y a de supériorité réelle que la supériorité donnée par le génie et la vertu. — La satisfaction que donne la vengeance ne dure qu'un moment ; mais la satisfaction procurée par la clémence est éternelle.

CHAPITRE LXIX.

ON, CHACUN, PERSONNE, L'UN L'AUTRE.

V. Grammaire, page 138.

Dictée.

On ne peut honorer la vertu sans se faire honneur à soi-même. — On perd le cœur et l'estime des personnes sur qui l'on veut toujours l'emporter. — On écoute trop souvent la calomnie, et l'on impose silence à la vérité. — On doit vivre chaque jour comme si l'on devait mourir le soir. — Si l'on n'ose s'affranchir de la tyrannie, on était né pour être esclave. — On est le plus souvent ami ou amis, parce que l'on a les mêmes habitudes et les mêmes mœurs. — Le hasard est un mot vide de sens, auquel on attribue des effets dont on ignore les causes. — Les dragons étaient des monstres fabuleux auxquels on prêtait un mélange de formes épouvantables. — On doit être prudents entre amis pour n'avoir point de regrets si l'on devenait ennemis. — On n'en est pas moins estimée pour être moins jolie. — On n'est point une sotte quoique l'on soit élevée loin de Paris. — On n'a des talents que pour s'élever. — Personne ne voudrait de la vie s'il ne la recevait à son insu. — Nous avons prononcé chacun selon notre conscience. — Athènes, Lacédémone, Milet, ont chacune son dialecte. — Les comtes assemblèrent les troupes chacun dans son camp. — Tous les artisans passèrent en revue, chacun avec les marques de sa profession. — Tout le monde se confiait l'un à l'autre cette nouvelle. — L'amitié nous unit les uns aux autres. — Il faut à jamais vous séparer l'un de l'autre. — L'un et l'autre ne cherchent qu'à se détruire.

CHAPITRE LXX.

ACCORD DU VERBE AVEC SON SUJET SOUS LE RAPPORT DU NOMBRE,

V. Grammaire, page 140.

Dictée.

Ni l'âge ni l'expérience ne peut corriger nos mœurs. — Rome et Carthage se voyaient d'un œil jaloux : l'une et l'autre voulurent subjuguer la Sicile. — Le marchand, l'ouvrier, le prêtre, le soldat, sont tous également des membres de l'état. — Ni la force ni la contrainte ne peuvent dompter la nature du tigre. — La raison supporte les disgrâces, le courage les combat, la patience et la religion les surmontent. — L'âge et l'expérience ne rendent jamais l'homme si parfait, qu'il ne lui reste plus rien à apprendre. — Un bon livre, un bon discours, peuvent faire du bien ; mais un bon exemple parle plus éloquemment au cœur. — Soyez poli dans vos manières et affable dans vos discours : la politesse et l'affabilité se concilient tous les cœurs. — La petitesse d'esprit, l'ignorance et la présomption font l'opiniâtreté, parce que les opiniâtres ne veulent croire que ce qu'ils conçoivent, et qu'ils ne conçoivent que fort peu de choses. — La paresse et l'oisiveté sont les avant-coureurs de la misère. — La peine et le plaisir passent comme une ombre. — Cincinnatus et Fabius honoraient les dieux. — Ni l'un ni l'autre ne faisaient aucune entreprise sans les consulter.

CHAPITRE LXXI.

ACCORD DU VERBE AVEC LES NOMS COLLECTIFS, ETC.

V. Grammaire, page 142.

Dictée.

La santé, comme la fortune, retire ses faveurs à ceux qui en abusent. — Le jaguar, ainsi que le couguar, habite dans les contrées les plus chaudes de l'Amérique méridionale. — La vérité, comme la lumière, est inaltérable, immortelle. — C'est la raison, et non pas l'habit, qui fait l'homme. — Voir les choses comme elles sont et les estimer ce qu'elles valent, donnent, sinon le bonheur, du moins le repos. — Etre juste et être vertueux ne sont qu'une même chose. — Se taire et souffrir en silence est souvent le parti que dicte la prudence. — L'admiration ou la reconnaissance déifia des mortels. — L'abstinence ou l'excès ne fit jamais d'heureux. — Si le nombre des cultivateurs propriétaires était doublé dans le royaume, les terres en rapporteraient au moins une fois davantage. — Par tout pays la plupart des fruits destinés à la nourriture de l'homme flattent sa vue et son odorat. — La plus grande partie des voyageurs s'accordent à dire que les habitants naturels de Java sont robustes, bien faits, nerveux. — Assez de gens méprisent le bien, mais peu savent le donner.

CHAPITRE LXXII.

NOMBRE DU VERBE APRÈS *qui*.

V. Grammaire, page 144.

Dictée.

Andromaque est une des pièces les plus intéressantes qui existent chez aucun peuple. — La totalité des marchandises qui nous ont été expédiées, est arrivée à bon port. — Ces beautés immortelles montrent une innocence, une modestie, une simplicité qui charme. — L'histoire va apprendre par quel moyen les rois de la troisième race ont donné à la monarchie une consistance, un éclat, une force qui aurait dû la rendre indestructible. — C'est votre orgueil et votre emportement qui vous trompaient. — J'ai une femme et une fille qui gémissent de mon absence. — Il avait une hauteur et une majesté qui n'avaient jamais paru si grandes en lui que quand il domptait les monstres. — En quelque endroit que j'aille, il faut fendre la presse d'une foule d'importuns qui fourmillent sans cesse. — Percerai-je cet essaim d'hommes de tout âge, de tout rang, qui roule dans ce vaste salon ? — La multitude d'hommes qui environne les princes est cause qu'il y en a peu qui fassent une impression profonde sur eux. — Les méchants servent à éprouver un petit nombre de justes qui se trouvent répandus sur la terre. — Personne ne fut plus doué que Fénelon de cette bonté, de cette indulgence qui captive les esprits et les cœurs. — Puissent ces efficaces et saintes paroles être éternellement gravées dans notre esprit ! — Que vous importent l'éternité ou la création de la matière, pourvu que vous reconnaissiez un Dieu, maître de la matière et de vous. — Une des principales beautés du caractère d'une femme, est cette retenue, cette réserve modeste qui lui font éviter les louanges.

CHAPITRE LXXIII.

ACCORD DU VERBE APRÈS *ce*.

V. Grammaire, page 146.

Dictée.

Le temps passe, disons-nous ; nous nous trompons ; le temps reste : c'est nous qui passons. — Ce furent les Phéniciens qui inventèrent la navigation. — Fuyez les curieux : c'est à coup sûr des indiscrets. — Ce sont les jours de congé que les écoliers aiment le mieux. — C'est la justice et la bonté de Louis XII qui l'ont rendu digne du surnom de Père de la patrie. — Ce devaient être des guerriers bien terribles que les Scandinaves. — Ce doivent être de grands maux pour un État que des lois trop sévères. — Ce sont des vérités consolantes que celles qui proclament l'existence de Dieu et l'immortalité de l'âme. — Ce sont les labeurs du paysan qui assurent la subsistance du riche. — C'est nous, braves amis, que l'univers contemple. — Ce sont les aigles romaines qui ont soumis le monde. — C'étaient les lauriers de Miltiade qui réveillaient Thémistocle. — Dans cent ans le monde subsistera encore ; ce seront le même théâtre et les mêmes décorations. — Ce sont l'orgueil et la mollesse de certains hommes qui en mettent tant d'autres dans une affreuse pauvreté. — Quels sont les quatre points cardinaux ? ce sont le levant, le couchant, le nord et le midi. — Faire du bien, entendre dire du mal de soi patiemment, ce sont là des vertus de roi.

CHAPITRE LXXIV.

ACCORD DU VERBE SOUS LE RAPPORT DE LA PERSONNE.

V. Grammaire, page 148.

Dictée.

Il faut que toi et ceux qui sont ici fassiez les mêmes serments. — Il faut, madame, que vous décidiez un pari que j'ai fait : j'ai gagé que cette dame et vous étiez du même âge. — Il n'y a que vous seul qui puissiez débrouiller une affaire si embarrassée. — C'est moi seul qui suis coupable. — C'est vous seul, mon Dieu, qui donnez à la terre sa fécondité. — C'est moi qui la première, seigneur, vous appelai de ce doux nom de père. — C'est vous qui le premier avez rompu nos fers. — Vous êtes le seul qui vous plaigniez de votre sort. — Nous sommes deux religieux de Saint-Bernard qui voyageons pour nos affaires. — Nous sommes cinq amis qui venons tout exprès pour vous voir. — Vous êtes des enfants qui, dans vos jeux, ne savez que faire du mal aux animaux. — Vous êtes un jeune chêne qui essuyez une tempête, et moi je suis un vieux arbre qui n'a plus de racine. — Nous sommes au milieu de l'Italie, comme des enfants abandonnés qui errent parmi les ruines du palais de leurs aïeux. — C'est eux qui ont remporté la victoire. — C'est nous qui avons pris ce livre. — C'est toi qui as remporté le premier prix. — Seigneur, c'est vous qui avez lancé le soleil dans l'espace. — Vous êtes de bons sujets qui aurez de l'avancement. — Vous êtes les braves qui remportèrent tant de succès et qui sont appelés à en recueillir de nouveaux. — Etes-vous de vrais enfants de la patrie qui sachiez mourir pour votre mère? — Seriez-vous ces lâches qui abandonnèrent leurs chefs, et qui trahirent leurs serments? — La politesse est une des qualités qui nous font le plus aimer. — L'astronomie est une des sciences qui font le plus d'honneur à l'esprit humain.

CHAPITRE LXXV.

DU RÉGIME OU COMPLÉMENT DES VERBES.

V. Grammaire, page 150.

Dictée.

Le roi de France avait su connaître ses avantages et s'en servir. — Le Créateur préside aux astres et en règle le mouvement. — Un grand nombre de vaisseaux entrent dans ce port et en sortent tous les mois. — J'aime mes supérieurs et j'en suis aimé. — Il y a beaucoup de mérite à sentir ses torts et à en faire l'aveu. — Au moyen du chemin de fer, on peut maintenant aller à Versailles et en revenir en une heure. — Il peut entrer dans le port et en sortir plusieurs navires en même temps. — Les Anglais font un très-grand cas de Shakspeare; ils ont voulu non-seulement l'opposer à Corneille, mais le mettre au-dessus.

CHAPITRE LXXVI.

EMPLOI DES AUXILIAIRES.

V. Grammaire, page 152.

Dictée.

Ceux qui sont échappés du naufrage disent un éternel adieu à la mer et aux vaisseaux. — La prospérité des empires n'a jamais passé à leurs descendants. — La véritable piété a toujours descendu aux moindres offices. — La sincérité a souvent passé pour incivilité et pour rudesse. — Les vices des gens obscurs ont échappé à l'histoire. — Il y a de mauvais exemples qui sont pires que les crimes : et plus d'états ont péri parce qu'on a violé les mœurs, que parce qu'on a violé les lois.—Quand on est arrivé au port, qu'il est doux de se rappeler les orages auxquels on a échappé ! — J'ai demeuré captif en Égypte comme Phénicien. — Les manières basses de plaisanter ont passé du peuple aux autres classes.—La sincérité a souvent passé pour incivilité.

CHAPITRE LXXVII.

EMPLOI DES TEMPS ET DES MODES DU VERBE.

V. Grammaire, page 154.

Dictée.

L'empereur romain Titus disait à la fin d'un jour qu'il n'avait pu signaler par aucun bienfait : Mes amis, j'ai perdu ma journée. — Si mince qu'il puisse être, un cheveu fait de l'ombre. — La religion exige que nous sacrifiions nos ressentiments. — La sagesse est la seule chose dont la possession soit certaine.—La plus noble vengeance qu'on puisse tirer de ses rivaux, est de les surpasser en talents et en vertus. — Quoique les méchants prospèrent quelquefois, ne pensez pas qu'ils soient heureux. — Taistoi, ou dis quelque chose qui vaille mieux que ton silence. — La lecture est l'aliment de l'esprit ; elle le délasse des fatigues de l'étude, quoiqu'elle soit une étude elle-même. — La conscience est le meilleur livre de morale que nous ayons ; c'est celui que l'on doit consulter le plus souvent.—Le plus grand plaisir qu'un honnête homme puisse ressentir, c'est de faire plaisir à ses amis. — Il semble que l'enfant hypocrite ait deux masques, le sien d'abord, et celui d'un autre âge. — Par la science, l'homme ose franchir les bornes étroites dans lesquelles il semble que la nature l'ait enfermé. — Il semble que la nature ait employé la règle et le compas pour peindre la robe du zèbre.

CHAPITRE LXXVIII.

CORRESPONDANCE DES TEMPS.

V. Grammaire, page 156.

Dictée.

Pour résister aux Romains, il aurait fallu que Carthage fût moins opulente. — Pour faire la conquête de l'Italie, il aurait fallu qu'Annibal ne laissât pas amollir ses guerriers par les délices de Capoue. — Turenne refusa la marchandise qu'on lui offrait à crédit : « Je craindrais, disait-il au marchand, que si je venais à mourir tu n'en perdisses une partie. — Il faudrait qu'il n'y eût ni extrême misère, ni richesses extrêmes.—Je ne crois pas qu'il puisse y avoir de véritable amitié entre les personnes qui ne sont pas vertueuses. — Quoi! vous mourez innocent ! disait un des disciples de Socrate à ce philosophe. Vous voudriez donc, répondit Socrate, que je mourusse coupable ? — L'envieux voudrait que tout ce qui est bon appartînt à lui seul.—La jeunesse est le seul moment de la vie où l'homme puisse se corriger facilement.—Dieu exige que nous employions au soulagement de nos semblables les richesses qu'il nous a départies. — Fassent les dieux que nous n'enviions aux riches que le pouvoir de faire des heureux! —Une loi d'Athènes voulait que, lorsque la ville était assiégée, on fît mourir tous les gens inutiles. — Les lois romaines voulaient que les médecins pussent être punis pour leur négligence ou pour leur impéritie.

CHAPITRE LXXIX.

DU PARTICIPE PRÉSENT.

V. Grammaire, page 158.

Dictée.

Que d'âmes chancelantes dans le devoir ont été rappelées à la religion par de bons exemples. — Que de faibles créatures! que d'âmes chancelantes retenues dans le devoir ! — Quand la femelle de l'ours a perdu ses petits, elle annonce sa douleur, non par des cris perçants, par des rugissements terribles ; mais elle est triste et gémissante : c'est une mère pleurant ses enfants. — Les dauphins sautants annoncent l'approche de la tempête. — Les Romains ne soupçonnant pas d'embûches, s'engagèrent dans les fourches-caudines. — La fraîcheur naissante de la nuit calmait les feux de la terre embrasée. — C'est une femme perpétuellement allante, perpétuellement agissante, mais, du reste, sans cesse contrariante et naturellement médisante. — Autour d'elle volaient les noirs soucis, les cruelles défiances, les vengeances toutes dégouttantes de sang et couvertes de plaies. — On voit les flammes ondoyantes s'élever jusqu'aux nues.

CHAPITRE LXXX.

DU PARTICIPE PASSÉ EMPLOYÉ SANS AUXILIAIRE.

V. Grammaire, page 160.

Dictée.

Animées du désir de devenir meilleures, les personnes bien nées se corrigent facilement de leurs défauts, lors même qu'elles y sont le plus sujettes. — Quelque dissimulés que soient les méchants, Dieu connaît les moindres secrets de leur cœur. — Les hommes, nés pour vivre ensemble, sont nés aussi pour se plaire. — Il en est de la parole comme de la flèche : une fois lancée, celle-ci ne revient plus à la corde, ni l'autre sur les lèvres. — Environnés d'une foule de préjugés, nous envisageons rarement les choses sous leur véritable point de vue. — Les préceptes de morale disséminés sont comme les bons grains ; quelque part qu'ils tombent, il y en a toujours quelques-uns qui germent. — N'ajoutons point à nos maux par nos craintes ou nos souvenirs : à chaque temps suffit sa peine ; n'évoquons ni des chagrins passés, ni des malheurs imaginaires. — Quelles gens que les avares, qui passent leur vie à compter les écus dans leur coffre-fort ! — L'orgueil aveugle se suppose une grandeur et un mérite démesurés. — Les Arabes ont le visage et le corps brûlés de l'ardeur du soleil. — Métellus était d'une vertu et d'une probité reconnues. — Un esprit raisonnable ne doit chercher dans une vie frugale et laborieuse qu'à éviter la honte et l'injustice attachées à une condition prodigue et ruineuse.

— J'ai vu la foi des contrats bannie, les lois les plus saintes anéanties, toutes les lois de la nature renversees. — Quel œil n'est pas sensible au riant aspect de l'herbe rajeunie et du bouton vermeil ? — Bien souvent de subites gelées frappent d'un coup mortel les plantes désolées. — Là, cette jeune plante en vase disposée, dans sa coupe élégante accueille la rosée. — Il ne faut pas prendre pour des vertus, des actions et des intérêts arrangés avec industrie. — Le couple infortuné se prosterne et élève un cœur et une voix humiliés vers celui qui pardonne. — Des cervelles étaient répandues sur la terre à côté de bras et de jambes coupés. — Nourris à la campagne, dans toute la rusticité champêtre, vos enfants y prendront une voix plus sonore. — Destinées à fendre les airs, les ailes de l'aigle sont d'une grandeur prodigieuse. — Avant d'entrer à Essonne, on voit sur la gauche la vieille ville de Corbeil, située au confluent de la Seine et de la Juine.

CHAPITRE LXXXI.

DES PARTICIPES *excepté, supposé, ouï, passé,* ETC.

V. Grammaire, page 162.

Dictée.

La vertu exceptée, tout passe comme un songe. — Supposez la terre en mouvement, les phénomènes célestes s'expliquent avec la plus grande facilité. — Les habitants de Sodome et de Gomorrhe périrent, excepté Loth et sa famille. — La circulation du sang supposée, les médecins ont mieux compris l'économie animale. — Thèbes fut détruite par Alexandre. la maison de Pindare exceptée. — Le corps d'Achille était invulnérable, excepté une partie, le talon, par lequel sa mère l'avait tenu en le plongeant dans le Styx. — Il n'est rien que nous oubliions aussi promptement que les malheurs passés. — En temps de guerre les sauvages de l'Amérique sont armés de casse-tête. — Les hommes cherchent moins à être instruits et même réjouis, qu'à être goûtés et applaudis, et le plaisir le plus délicat est de faire celui d'autrui. — La mémoire, comme les livres qui restent long-temps renfermés dans la poussière, demande à être déroulée de temps en temps ; il faut pour ainsi dire en secouer les feuillets, afin de la trouver en état au besoin. — Etudie la sagesse, ta vie sera semée de plaisirs. — Les trônes ne méritent pas d'être achetés au prix des crimes. — Les princes ridicules sont faits pour faire rire et pleurer les gens. — Les sots sont faits pour être méprisés, en quelque état que la fortune les mette. — Les hommes sont inconnus aux autres et à eux-mêmes, jusqu'aux occasions. — La probité, toute rare qu'elle est, n'est pas estimée ce qu'elle vaut. — Quelque occupé que l'on soit, il y a des heures perdues, qu'il faut employer dignement. — A l'exception du quai et de la grande rue où passe la route, les rues de Joigny sont escarpées, tortueuses et mal bâties. — Auxerre est agréablement située sur un coteau bordé par l'Yonne, qui forme vis-à-vis une petite île.

CHAPITRE LXXXII.

DU PARTICIPE PASSÉ AVEC *avoir*.

V. Grammaire, page 164.

Dictée.

Le premier degré du pardon est de ne plus parler de l'injure qu'on a reçue. — Dieu des chrétiens, quelles choses n'as-tu point faites! Partout où l'on tourne les yeux, on ne voit que les monuments de tes bienfaits. — Nous ne nous souvenons que des choses qui ont du rapport avec celles qui les ont précédées ou suivies. — La mémoire des malheureux qu'on a soulagés donne un plaisir qui renaît sans cesse. — La plus grande merveille de l'Egypte n'est pas l'ouvrage des hommes; la nature seule l'a créée : c'est le Nil. — Mes chères richesses, qu'êtes-vous devenues! Hélas! je vous ai perdues en moins de temps encore que je ne vous avais gagnées. — La justice et la modération de nos ennemis nous ont plus nui que leur valeur. — Les défauts de Pierre le Grand ont terni ses grandes et admirables qualités. — La liberté sage, que les philosophes ont toujours aimée, peut être regardée comme la source des vertus morales et comme le véhicule du génie. — Dans un état despotique, les hommes n'osent faire usage de la raison qu'ils ont reçue en partage. — Nous n'estimons rien plus qu'une grâce que nous demandons; nous n'estimons rien moins, dès que nous l'avons obtenue. — On doit être consolé des fautes qu'on a commises, lorsqu'on songe combien on pourrait en commettre de plus grandes. — Plusieurs des altérations que notre globe a souffertes ont été produites par le mouvement des eaux. — L'Egypte, le berceau des sciences, les avait à peu près perdues, faute de ce grand moyen conservateur et propagateur : l'imprimerie.

CHAPITRE LXXXIII.

DU PARTICIPE PASSÉ SUIVI D'UN ADJECTIF OU D'UN AUTRE
PARTICIPE.

V. Grammaire, page 166.

Dictée.

Pour nous consoler de nos innombrables misères, la nature nous a faits frivoles. — On prend un plaisir secret à
trouver petits ces objets qu'on a vus si grands. — Le long
usage des plaisirs nous les a rendus inutiles. — Il passa
par des chemins qu'on avait toujours crus impraticables.
— Il y a dans le commerce des engagements que j'ai toujours crus dangereux. — J'ai vu la mort de près, et je l'ai
vue horrible. — Les Perses, adorateurs du soleil, ne souffraient point les idoles ni les rois qu'on avait faits dieux.
— Le salut de l'Etat nous a rendus parents. — Dieu, en
créant les individus de chaque espèce d'animal et de végétal, a non seulement donné la forme à la poussière de la
terre, mais il l'a rendue vivante et animée. — Cette armée
se défendant avec courage, ne put empêcher les Impériaux
de pénétrer dans l'Alsace, dont Turenne les avait tenus
écartés. — Ils poussèrent des cris de joie, en revoyant les
compagnons qu'ils avaient crus perdus. — Ils avaient été
les pères de leurs peuples, et les avaient rendus heureux
pendant leur règne. — Ecoutez ceux qui ont approché autrefois de ces hommes que la gloire des succès a rendus
célèbres. — Il prodigua son sang et sa vie pour assurer au
roi cette province, que sa situation et la conjoncture du
temps avaient rendue très-importante. — Louis XIV conserva dans le lit de la douleur cette majesté, cette sérénité
qu'on lui avait vue autrefois. — Aurai-je le bonheur de
vous recevoir dans mon palais, et de vous payer des soins
que vous m'avez donnés dans ma jeunesse? — Tu n'as pas
su jouir de tous les biens que la nature t'avait donnés. —
Je soupçonne cet Italien d'être l'auteur de toutes les noirceurs qu'on vous a faites. — J'entrevois en vous des sentiments dangereux, et je sais trop qui vous les a inspirés. —
Ces enfants que vous aviez crus incorrigibles, vous les voyez
maintenant plus doux et plus dociles que les autres. — Les
habitants du Rhône ont long-temps prétendu et prétendent encore aujourd'hui parler mieux le français que la
société des salons de Paris; mais cette prétention, on l'a

toujours trouvée un peu ambitieuse. — Cette route, que j'avais crue plus courte, est au contraire beaucoup plus longue. — Cette cathédrale, que j'avais trouvée si belle jadis, est, dit-on, tout-à-fait en ruine aujourd'hui.

CHAPITRE LXXXIV.

DU PARTICIPE PASSÉ SUIVI D'UN INFINITIF.

V. Grammaire, page 168.

Dictée.

Que d'hommes on a vus tomber d'une haute fortune par les mêmes défauts qui les y avaient fait monter ! — Nos aïeux vivaient pauvres et vertueux, et mouraient dans le champ qui les avait vus naître. — La solitude apaise les mouvements impétueux de l'âme que le désordre du monde a fait éclater. — L'imprimerie, que la ville de Mayence a vue naître, a contribué infiniment aux progrès que la civilisation a faits. — La guerre a pour elle l'antiquité, elle a été dans tous les siècles ; on l'a toujours vue remplir le monde de veuves et d'orphelins. — Tout atteste dans la Grèce les révolutions physiques qu'elle a dû éprouver. — Les hommes n'ont jamais plus admiré les singes que quand ils les ont vus imiter les actions humaines. — On ne ferre point les chevaux à l'île de Bourbon : je les ai vus courir comme des chèvres dans les rochers dont cette île est couverte. — Plus l'Allemagne s'est perfectionnée, plus nous l'avons vue adopter nos spectacles. — Les églogues de Gessner sont des plantes analogues au climat qui les a fait naître. — Les serpents paraissent privés de tout moyen de se mouvoir, et uniquement destinés à vivre sur la place où le destin les a fait naître. - Tant que la France vivra, on louera la magnificence de Louis XIV, qui a protégé les arts que François Ier avait fait naître. — Que d'espérances la religion a fait naître, quand il n'y avait plus rien à espérer ! — J'avais planté des poiriers, des pommiers, qui sont morts ; le froid, la sécheresse les a fait mourir. — La comédie que nous avons vu jouer. — L'ariette que j'ai entendu chanter. — Ses membres, il les a senti couper. — Les oiseaux que j'ai laissé dénicher. — Les livres que nous avons envoyé chercher. — La maison qu'on a commencé de construire. — Les troupes qu'on a fait marcher. — Les livres que tu as laissé tomber. — Les comédiens que nous avons vus jouer étaient médiocres. — Les hauts peupliers que nous avons vus croître. — Vos cœurs que j'ai sentis tressaillir de joie. — La résolution que vous avez prise de voyager. — Les femmes que nous avons envoyées moissonner. — Les projets que nous avons cru important de communiquer.

CHAPITRE LXXXV.

DU PARTICIPE PASSÉ AVEC UN INFINITIF PRÉCÉDÉ D'UNE PRÉPOSITION.

V. Grammaire, page 170.

Dictée.

La plante, lorsqu'on l'a mise en liberté, garde toujours l'inclinaison qu'on l'a forcée à prendre. — Partout les rayons perçants de la vérité vont venger la vérité qu'on a négligé de suivre. — Les Indiens n'ont rien de cette pétulance, de cette dureté qu'on a eu tant de peine à contenir chez les nations du Nord. — Aimez toujours vos parents, souvenez-vous de la peine qu'ils ont eue à vous élever. — Ne faites rien qui ne soit digne des maximes de vertu que vos parents ont tâché de vous inspirer. — Les mathématiques, qu'on n'a pas voulu que j'étudiasse, sont cependant fort utiles. — Mes raisons, que j'ai cru qu'on approuverait, me paraissent meilleures qu'elles n'étaient en effet. — Je me laissai enlever de l'hôtellerie, au grand déplaisir de l'hôte, qui se voyait par là privé de la dépense qu'il avait compté que je ferais chez lui. — On commença à sentir la faute qu'on avait faite de n'avoir pas assez de cavalerie. — Il a souffert la hardiesse que j'ai prise de le contredire. — L'espérance que j'ai conçue d'échapper à més amis se réalisera. — L'histoire que je vous ai donnée à lire est fort intéressante. — Il faut profiter du peu de jours que la nature nous a donnés à vivre. — Les peines que j'ai prévu que vous causerait cette affaire m'ont vivement affecté. — L'habitude qu'ils se sont faite de médire leur nuira infailliblement. — Les secours qu'ils se sont empressés de me donner m'ont sauvé la vie. — Je suis persuadé que la sagesse que vous avez eue de garder le lit vous aura entièrement remise.

CHAPITRE LXXXVI.

PARTICIPES PASSÉS PRÉCÉDÉS DE *un de, une de, un des, une des.*

V. Grammaire, page 172.

Dictée.

Ne pas écrire correctement, c'est dévoiler le peu d'éducation qu'on a reçu. — D'où viennent souvent les difficultés, si ce n'est du peu d'attention qu'on y a donné? — Les Américains sont des peuples nouveaux; on n'en peut pas douter au peu de progrès que les plus civilisés d'entre eux avaient fait dans les arts. — Le peu d'instruction que nous avons eu nous fait tomber dans mille erreurs. — Ne manquez pas, en lui donnant des marques de votre affection, de lui reprocher le peu de confiance qu'il a eu en vous. — François Mansard est l'un des plus grands architectes qu'ait eus la France. — Le trop de partialité que vous avez mise dans cette affaire vous a fait accuser de préventions. — Le trop de chicanes que vous avez élevées a fait douter de votre bon droit. — Le peu de troupes qu'il a rassemblées ont tenu ferme dans leur poste. — Voilà le fruit du peu d'aménité que vous avez mis dans vos réponses. — C'est au peu de livres que j'ai lus que je dois le peu de connaissances que j'ai acquises. — Le peu de science qui s'était conservé chez les hommes était renfermé dans les cloîtres. — On ne peut disconvenir que Fabius n'ait été un des plus grands hommes qu'ait portés la république romaine.

CHAPITRE LXXXVII.

DU PARTICIPE PASSÉ PRÉCÉDÉ DU PRONOM *en.*

V. Grammaire, page 174.

Dictée.

L'usage des cloches est, chez les Chinois, de la plus haute antiquité; nous n'en avons eu en France qu'au sixième siècle de notre ère. — Il est assez ordinaire aux personnes à qui le ciel a donné de l'esprit et de la vivacité, d'abuser des grâces qu'elles en ont reçues. — Il n'est que trop vrai qu'il y a eu des anthropophages : nous en avons trouvé en Amérique. — Tout le monde m'a offert des services, et personne ne m'en a rendu. — Cassius, naturellement fier et impérieux, ne cherchait dans la perte de César que la vengeance de quelques injures qu'il en avait reçues. — Alexandre a détruit plus de villes qu'il n'en a fondé. — Baléazar, en possédant les cœurs, possédait plus de trésors que son père n'en avait amassé par son avarice cruelle. — Les animaux que l'homme a le plus admirés sont ceux qui ont paru participer à sa nature. Il s'est émerveillé toutes les fois qu'il en a vu quelques-uns faire ou contrefaire des actions humaines. — Les Russes ont fait en quatre-vingts ans que les vues de Pierre ont été suivies, plus de progrès que nous n'en avons fait en quatre siècles.

CHAPITRE LXXXVIII.

DES PARTICIPES *coûté, valu, pesé, couru,* ETC.

V. Grammaire, page 176.

Dictée.

Qui pourrait dire combien de larmes lui ont coûtées ces divisions toujours trop longues ! — Une mère ne regrette point les soins ni les peines que son enfant lui a coûtés. — Un enfant devient plus précieux en avançant en âge ; au prix de sa personne se joint celui des soins qu'il a coûtés. — Ne goûtons-nous pas mille fois le jour le prix des combats que notre situation nous a coûtés ? (*Voir la suite à la dictée suivante.*)

CHAPITRE LXXXIX.

PARTICIPE PASSÉ DES VERBES RÉFLÉCHIS.

V. Grammaire, page 178.

Dictée.

La calomnie s'est toujours plu à répandre son venin sur les vertus les plus pures. — L'éruption du Vésuve est un des spectacles que la nature s'est réservé de montrer seulé à l'admiration des hommes. — Les enfants qu'on a habitués à craindre les ténèbres se sont rarement guéris de la peur qu'on leur en a fait. — L'homme n'a guère de maux que ceux qu'il s'est attirés lui-même. — Les Étoliens s'étaient imaginé qu'ils domineraient dans la Grèce. — Saturne, issu du Ciel et de la Terre, eut trois fils qui se sont partagé le domaine de l'univers. — Tous les peuples du monde, sans en excepter les Juifs, se sont fait des dieux corporels. — Sept villes se sont disputé l'honneur d'avoir vu naître Homère, et certains législateurs se sont crus inspirés des dieux. — Ils se sont abandonné leurs biens au dernier vivant. — Ils se sont abandonnés à la colère. — Ils se sont accordé une juste préférence. — Il n'y a rien en quoi les hommes se soient plus accordés que dans l'aveu de ce devoir. — Ils se sont accusé réception dé leurs lettres. — Ils se sont accusés mutuellement. — Ces maisons se sont acquises à vil prix. — Elles se sont acquis l'estime publique. — Ils se sont agrandi la carrière. — Ils se sont agrandis par de nouvelles acquisitions. — Ils se sont aperçus des défauts. — Ils se sont aperçus de loin. — Elle s'est aperçue de son erreur. — Ils se sont aplani toute difficulté. — Cette élévation s'est aplanie d'elle-même. — Ils se sont appliqué des soufflets. — Ils se sont appliqués à l'étude. — Ils se sont barbouillé le visage. — Ils se sont barbouillés de noir. — Ils se sont brisé les reins. — Ils se sont brisés en morceaux. — Ils se sont blessé les doigts. — Ils se sont blessés à la tête. — Elles se sont ceint la tête. — Elles se sont ceintes d'un large ruban. — Ils se sont disputé le terrain. — Ils se sont disputés vivement. — Ils se sont débarrassé l'esprit de vaines inquiétudes. — Ils se sont débarrassés d'un lourd fardeau. — Ils se sont partagé le bénéfice. — Ces hommes se sont divisés et ont été la proie du tyran. — Ils se sont épargné des peines. — Ils se sont enchaînés au char du vainqueur. — Ils se sont immolés au salut de leur pays. — Ils se sont joint les mains. — Néron, une fois maître du souverain pouvoir, a fait tous les maux qu'il a pu, et a commis toutes les cruautés qu'il a voulu. — Le règne de Louis XIV est un des plus glorieux qu'il y a eu en France. — Tous les maux que je lui ai voulus lui sont arrivés. — Newton ayant composé une année commune des années qu'ont régné les rois des différents pays, réduit chaque règne à vingt-deux ans environ.

CHAPITRE XC.

DU PARTICIPE *laissé* SUIVI D'UN INFINITIF.

V. Grammaire, page 130.

Dictée.

Que de jeunes gens se sont laissé égarer par de mauvais conseils! — Rappelez-vous, Athéniens, les humiliations qu'il vous en a coûtées pour vous être laissé égarer par vos orateurs ! — Notre traversée fut aussi heureuse que nous l'avions présumé. — Le défrichement des forêts augmente la chaleur dans les pays chauds, comme je l'ai observé à l'Ile-de-France. — C'est pour cette raison, comme nous l'avons déjà indiqué, que les volcans ne sont nombreux que dans les pays chauds. — Ces prétendus caractères ne sont que des accidents, comme nous l'avons dit ailleurs, — Ils se sont laissé tuer en lâches. — Les intérêts s'élevaient au-delà du capital ; ils les ont laissé accumuler. — Ils avaient été condamnés aux peines du Tartare, pour s'être laissé gouverner par des hommes méchants et artificieux. — Elle rougissait de honte de s'être laissé vaincre au sommeil.

CHAPITRE XCI.

SYNTAXE DES ADVERBES.

V. Grammaire, page 182.

Dictée.

Un sage prince écrivit avec ses doigts sur les livres de son fils : Plutôt mourir que de mentir. — Il est aussi louable de refuser avec raison que de donner à propos. — Justinien se montrait aussi petit devant les Perses qu'il se montrait intraitable devant les Goths. — La vertu sous le chaume attire nos hommages. — Il ne faut jamais se régler sur la mine. — Ce fondement est mal affermi, nous craignons de bâtir dessus. — Tous ont disparu de dessus la scène. — Le travail aux hommes est nécessaire, fait leur félicité plutôt que leur misère. — Chacun s'égare, et le moins imprudent est celui-là qui plus tôt se repent. — Une grande naissance ou une grande fortune annonce le mérite et le fait plus tôt remarquer. — Ne croyons le mal que quand il est venu. — Quant à la ville, elle est formée de maisons de bois qui n'ont qu'un rez-de-chaussée.

CHAPITRE XCII.

SYNTAXE DES PRÉPOSITIONS.

V. Grammaire, page 184.

Dictée.

On ne connaît l'importance d'une action que quand on est près de l'exécuter. — Qui n'est pas généreux est près d'être injuste.—Dans un palais richement meublé de lambris d'or, de lits d'or, et d'autres ornements de luxe, dort-on mieux que dans la chaumière, dans la cabane, dans la hutte du pauvre? — Christophe Colomb ne doutait point qu'au travers des espaces immenses de la mer, il ne rencontrât des terres inconnues. — La Seine coule à travers les départements de l'Aube, de Seine-et-Marne, de Seine-et-Oise, et se rend à la mer sous Rouen. — La ville de Versailles, située proche de Paris, possède un château magnifique et un parc immense.—Un berger de Thrace, Maximin, parvint aux premiers grades militaires par sa force, par son génie et par son audace. — Hésiode fleurissait trente ans avant Homère. — Il ne faut employer aucun terme dont on n'ait auparavant expliqué le sens. — Aujourd'hui j'en croirai Sénèque avant Pétrone.— Evitez les petits honneurs : on ne savait pas auparavant ce que vous méritiez. —Ispahan, avant les dernières révolutions, était aussi grand et aussi peuplé que Londres. — Les Troyens, après dix ans de guerre autour de leurs murailles, avaient lassé les Grecs. — Notre troupe serrée tenait à peine autour d'une table carrée.—La mort frappe, autour de nous, nos proches, nos amis, nos frères.

CHAPITRE XCIII.

SYNTAXE DES CONJONCTIONS.

V. Grammaire, page 186.

Dictée.

Là tout est beau parce que tout est vrai. — Me nuirez-vous, par ce que je vous dis, jugez de ce qu'il est. — Allons, puisqu'il le faut, je marche sur vos pas. — Soit mensonge, soit ruse, il parviendra. — Les chats ne regardent jamais en face la personne aimée, soit défiance, soit fausseté. — Quoi qu'ils fassent pour moi, ils ne sauraient me payer du bien que je leur ai fait. — Quoique riche, il est généreux. — Jamais un lourdaud, quoi qu'il fasse, ne saurait passer pour un galant. — Quoi que vous disiez, vous ne me persuaderez pas. — Je veux t'embrasser avant de mourir. — Plus le crime est élevé, plus la honte doit être grande. — On ne confie son secret que parce qu'on n'a pas la force de le garder. — Xénocrate voulait que ses disciples sussent les mathématiques avant de venir sous lui. — On parle peu quand la vanité ne fait pas parler. — Je voudrais ne pas savoir écrire, disait Néron avant de signer un arrêt de mort ; par ce qu'il disait là on ne croyait guère qu'il devînt si sanguinaire.—Plus on est laborieux, moins on a à craindre la misère. — Par ce qu'il a fait pour la prospérité et le bonheur de son royaume, on jugera toujours que Henri IV a été le père de ses sujets. — Quoique très-malheureux, il est rare qu'on le soit assez pour ne pouvoir pas faire d'heureux. — L'envie sent le prix du mérite, quoiqu'elle s'efforce de l'avilir. — Jamais, quoi qu'il fasse, un mortel ici-bas ne peut aux yeux du monde être ce qu'il n'est pas. — Il ne faut pas juger d'un homme par ce qu'il ignore, mais par ce qu'il sait.—Quand d'honnêtes gens sont dans le besoin, c'est le moment de faire provision d'amis.

CHAPITRE XCIV.

DE LA PONCTUATION.

V. Grammaire, page 192.

Dictée.

Est-il une obligation plus sainte et plus douce à la fois, mes petits amis, que celle de chérir ceux à qui, après Dieu et par l'ordre de Dieu même, vous devez tout ce que vous êtes et qui vous ont tant aimés? *Honorez votre père et votre mère*, a dit l'auteur même de la nature humaine, lorsqu'il promulgua du haut du Sinaï ces divins préceptes qui sont devenus la loi du monde entier. Ecoutez, enfants, les avis de votre père, et suivez-les, afin que vous soyez sauvés ; car Dieu a rendu le père vénérable aux enfants, et il a affermi sur eux l'autorité de la mère. Celui qui honore son père trouvera lui-même sa joie dans ses enfants, et il sera exaucé au jour de sa prière. Celui qui craint le Seigneur honorera son père et sa mère, et il servira comme ses maîtres ceux qui lui ont donné la vie. Honorez votre père de tout votre cœur, et n'oubliez point les douleurs de votre mère. Souvenez-vous que sans eux vous ne seriez point nés, et faites tout pour eux, comme ils ont tout fait pour vous. Honorez votre père par actions, par paroles et par une patience sans bornes, afin qu'il vous bénisse et que sa bénédiction demeure sur vous jusqu'à la fin. La bénédiction du père raffermit la maison des enfants, et la malédiction de la mère la détruit jusqu'aux fondements.

Extrait du Traité de Morale de **M. Rendu.**

DISCUSSION SUR LE MOT *UNIVERS*.

Est-il vrai, comme l'avancent MM. Noël et Chapsal, dans leur Grammaire, que l'on doive considérer comme noms propres les mots *soleil, lune, univers, etc.* ?

Nous avons soumis cette question à la Société grammaticale de Paris, et voici, avec sa décision, les discussions auxquelles cette question a donné lieu.

SOCIÉTÉ GRAMMATICALE.

Séance du 7 février 1841.

PRÉSIDENCE DE M. QUITARD.

Le procès-verbal de la dernière séance est lu et adopté.

On passe ensuite à l'examen des questions à l'ordre du jour.

Un jardin dans ses murs renferme l'univers. Le mot univers est-il nom commun ou nom propre?

M. BOISSIÈRE. — Si, pour décider cette question, on s'en tenait à la définition généralement admise, alors l'univers serait un nom propre, puisqu'il n'y a pas deux objets semblables. C'est pourquoi je crois cette définition inexacte. En effet, quoique les noms de Pierre, Paul, nous servent à désigner plusieurs personnes, ils n'en sont pas moins des noms propres, de même que Paris, qui ne sert qu'à nommer une seule ville. Il me semble qu'on doit considérer comme noms propres ceux qui servent à désigner d'une manière spéciale les objets que l'on a sous les yeux, tandis que les noms communs s'appliquent à ceux qu'il n'est pas nécessaire d'avoir sous les yeux pour les nommer. Si vous voulez donner un nom à un enfant, il faut que vous le voyiez; au lieu que si vous voulez parler d'un arbre, il n'est pas nécessaire qu'il soit en votre présence. Univers servant à exprimer une idée abstraite qui n'existe que dans l'esprit, n'est donc pas un nom propre, quoiqu'il n'en existe qu'un dans la nature, du moins en lui donnant le sens qu'on attache ordinairement à ce mot.

M. QUITARD. — L'univers n'est pas un nom propre; ce serait plutôt un nom collectif. Si on le considérait comme nom propre, il faudrait ranger dans la même classe les mots humanité, population, en un mot, presque tous les noms collectifs; d'ailleurs, les poètes donnent souvent un pluriel au mot univers, quoiqu'il n'y ait réellement qu'un univers, mais c'est une manière de parler figurée.

M. Depoisier. — Un nom n'est pas commun parce qu'il peut s'appliquer à tous les objets de la même espèce, mais parce que l'objet qu'il nomme est commun à tout le monde, et que tout le monde le connaît. Voilà pourquoi les mots soleil, lune, humanité, sont des noms communs. Les noms propres ne sont pas tels parce qu'ils ne conviennent qu'à une seule personne; car alors Pierre, Paul ne seraient pas des noms propres; ils ont ce caractère, parce qu'ils sont la propriété de la personne qui les porte; quand plusieurs personnes ou plusieurs choses portent le même nom, les autres ne le portent que par imitation.

M. Quitard. — Les noms propres sont la propriété spéciale des êtres qui les portent.

M. Lambert. — Les substantifs communs sont ceux qui conviennent à tous les objets de la même classe; les substantifs propres, au contraire, sont destinés à désigner des êtres uniques de cette classe. Si cette définition est exacte, il est difficile de ranger univers dans l'une ou dans l'autre classe, quelque sens qu'on lui donne; car il ne peut pas s'appliquer à tous les objets de la même espèce, puisqu'il est seul. Le considérera-t-on comme un nom propre? Mais les noms propres ou individuels n'expriment pas une idée collective. Je crois cependant qu'il vaudrait encore mieux le ranger dans cette dernière classe, si toutefois on ne s'en tenait pas à la définition rigoureuse admise généralement.

M. Boissière. — Des deux dénominations admises pour les diverses classes des substantifs, il y en a une qui n'est pas exacte; c'est celle de substantifs communs; car il y a beaucoup de mots que, d'après la définition, on croirait noms communs, et qui n'en sont pas. Celle de nom propre est beaucoup mieux choisie, Paris n'est pas le nom d'une ville quelconque, mais seulement celui de la capitale de la France. Voulez-vous savoir si un nom est propre ou commun? examinez si vous pouvez le définir ou non. Si vous pouvez le définir, c'est un nom commun; si vous ne le pouvez pas, c'est un nom propre. Ainsi, d'après ce principe, univers ne peut pas être un nom propre.

M. Quitard. — Les noms propres ne sont pas précisément des mots qui servent à nommer un être, car, en ce sens, tous les mots seraient des noms propres; mais ils font connaître les qualités des objets que l'on nomme, et non celles des autres objets de la même espèce; tandis que les noms communs déterminent les qualités communes à tous les objets de la même espèce. Bien des personnes s'appellent Jean, et cependant ce mot n'est pas un nom commun, parce qu'il désigne des qualités propres à chacune des personnes qui le portent.

M. Borel. — Il est possible que, dans l'origine, beaucoup de noms propres aient aidé à désigner les qualités de ceux qui les portaient, comme Lerouge, Lenoir, etc.; mais il est probable qu'un bien plus grand nombre encore ont été choisis arbitrairement, et que pour les former on aura pris à volonté certaines syllabes que le caprice aura rangées dans un certain ordre, et comme les combinaisons qu'on aura pu former ainsi sont très-nombreuses, c'est ainsi qu'on aura fait la plupart des noms propres. Des noms ainsi formés sont bien réellement des noms propres, puisqu'ils ont été créés uniquement pour nommer l'individu, mais ils n'en font nullement connaître les qualités. On les appelle aussi individuels. Quoique les personnes qui portent le nom de Jean forment autant d'individus distincts, ces noms devraient être considérés comme communs; mais comme ce ne sont pas des noms de classes, servant à désigner les objets par des qualités communes, ce sont des noms propres. Pour qu'on puisse considérer un substantif comme commun, il faut qu'il en existe plusieurs dans la nature de la même espèce; cela ne peut pas avoir lieu pour l'univers; ce mot est donc un nom propre. J'en dirai autant du mot soleil, quoique, suivant les astronomes modernes, chaque étoile fixe soit un véritable soleil; mais quand on parle, on ne songe ordinairement qu'à celui de notre système; plus tard, par imitation, on a donné ce nom aux étoiles fixes, de même qu'on a appelé de grands généraux des Césars, des Mercures, des Condés.

La Seine a des Bourbons, le Tibre a des Césars.

C'est une erreur de croire que les noms communs sont descriptifs, car on ne peut les comprendre qu'après avoir vu l'objet qu'ils désignent. Ainsi, en entendant nommer pour la première fois un objet, on ne sait si c'est un nom propre ou un nom commun, si c'est le nom d'un oiseau ou d'une plante; on ne peut en être instruit qu'après en avoir reçu l'explication, ce qui n'est pas étonnant, puisque les noms des plantes, des animaux, etc., sont des noms de classes, et qu'il n'y a rien d'aussi abstrait que ces sortes de mots. Les noms communs servant à désigner les objets de la même espèce, univers ne peut en faire partie, puisqu'il exprime la totalité de ce qui existe, et même quelquefois l'Être-Suprême. Est-il possible qu'il existe deux êtres semblables? Dans la phrase ci-dessus, ce mot a un sens beaucoup plus abstrait; il désigne seulement l'univers botanique, toutes les plantes des contrées étrangères rassemblées dans un jardin. Ce qui fait considérer ordinairement univers comme un substantif commun, c'est l'article qui le précède, et qu'on ne le voit pas écrit par une grande lettre. L'article ne se place pas ordinairement devant les noms propres. Cependant, on dit la Seine, les Pyrénées, etc.; mais alors l'article modifie un substantif sous-entendu, et non le mot exprimé. Les Grecs usaient et même abusaient de l'article devant les noms propres; ils disaient : Ὁ Ἀλέξανδρος, ὁ Φιλίππου, le Alexandre, le Philippe. En italien, on dit le Titien, le Tasse, le Dante, et le nom de leurs femmes est aussi précédé ordinairement de l'article. En français, on ne s'en sert ordinairement, dans ce cas, que par mépris. Au reste, quel que soit l'usage des langues à cet égard, l'article ne transforme pas les noms propres en noms communs, mais il se rapporte à un nom commun sous-entendu, et le nom propre conserve toute sa force, toute son énergie. Voici la différence que j'établirais entre ces deux classes de mots : les noms communs ont leurs semblables dans la nature; les noms propres n'en ont pas.

M. Quitard. — Tous les philosophes conviennent que les noms n'ont pas été imposés arbitrairement, et qu'il est impossible de le faire; que lors même qu'on se serait guidé par le caprice, on aurait obéi, à son insu, à certaines lois d'analogie; mais il est certain que les noms propres, surtout dans l'antiquité, ont été dus à certaines qualités, à certaines circonstances particulières à l'individu. Le nom propre ne peut s'appliquer qu'à un seul être, et ne peut pas se remplacer par un mot équivalent. Au lieu de l'univers, je puis dire l'universalité des choses; mais Jean, Pierre, Jacques, ne peuvent se remplacer par d'autres mots.

M. Borel. — Au lieu d'Alexandre, je puis dire le fils de Philippe.

M. Quitard. — Cela ne présente pas la même idée.

M. Borel. — Aussi bien que l'universalité des choses remplace l'univers.

M. Quitard. — L'univers était primitivement un adjectif dont on a fait plus tard un substantif propre, auquel on a donné un sens plus restreint, quand on a dit l'univers botanique.

M. Borel. — Quoique les Bourbons désignent plusieurs personnes, ce mot n'en est pas moins un nom propre.

M. Quitard. — M. Borel a prétendu à tort que les Italiens plaçaient l'article devant leurs noms propres; Arioste n'était pas le nom propre de ce poëte célèbre, ce n'était que son surnom.

M. Boissière. — Si l'on est porté naturellement à classer les mots univers, nature, parmi les noms communs, ce n'est pas, ainsi qu'on le prétend, la routine qui nous guide; car on ne classerait jamais dans cette division les mots Pierre, Jacques, etc. Pour qu'un nom soit commun, il ne suffit donc pas qu'il puisse s'appliquer à un grand nombre d'objets, il faut encore qu'il réveille la définition de l'objet qu'il désigne. On dit que, dans l'origine, les noms propres désignaient les qualités des personnes qui les portaient; je veux l'admettre; cependant, lorsqu'on parlait de Philippe, père d'Alexandre, il est probable que l'on ne s'inquiétait pas si le premier qui avait porté ce nom avait aimé les chevaux ou non.

M. Depoissier. — On a dit que les noms propres désignaient par eux-mêmes les individus qui les portaient; s'il en avait été ainsi, on aurait toujours eu la même langue, et elle n'aurait pas varié comme elle a fait, suivant les temps et es lieux. La signification des mots n'est que conventionnelle; il a pu se faire que, dans l'origine, les noms propres aient désigné les bonnes ou mauvaises qualités des individus, comme cela a encore lieu aujourd'hui pour les sobriquets, mais il n'en est plus de même aujourd'hui.

M. FALAIX. — Les noms propres ont été inventés pour désigner un individu pris à part dans la classe ou dans l'espèce dont il fait partie. L'univers ne peut donc pas être un nom propre, puisqu'il est seul de son espèce.

M. WILLOUGHBY. — Les noms communs susceptibles de recevoir l'article s'appliquent à tous les êtres de la même espèce; mais les noms propres sont employés pour désigner un individu d'une même classe, pour le distinguer des autres individus de la même espèce. Ainsi, l'univers est un nom commun, quoiqu'il soit seul de son espèce; mais ce n'est pas là un motif pour en faire un nom propre, car il peut être précédé de l'article.

M. OLIN. — Tous les mots des langues n'ont pas été faits par convention; il en est quelques-uns qui peignent les objets : tels sont en français les mots siffler, serpent, tempête, terreur. Quant au mot univers, je crois qu'il est naturellement nom propre, et qu'il n'est devenu nom commun que par figure; j'en dirai autant de soleil.

M. Borel s'attache de nouveau à réfuter les opinions émises par M. Boissière; mais l'heure étant trop avancée, et la discussion n'étant pas épuisée, l'examen de cette question est renvoyée à la séance prochaine.

La séance est levée à midi.

Le Secrétaire particulier,

J.-B. PRODHOMME.

Pour le Président,

J. WILLOUGHBY.

Séance du 14 février 1841.

Le procès-verbal de la dernière séance est lu et adopté.

On continue ensuite l'examen de cette question : Un jardin dans ses murs renferme l'univers. Le mot univers est-il nom commun ou nom propre?

M. BESCHERELLE aîné. — On a défini le nom propre un mot qui sert à distinguer un individu des autres de la même espèce; je crois que cette définition n'est pas juste, ou du moins qu'elle est incomplète. Il ne désigne pas seulement un individu, il peut en désigner plusieurs. Ainsi, Paris n'est pas la seule ville de ce nom; plusieurs villes portent le nom de Londres, de Vienne, et l'on ne doit donc pas dire que le nom propre ne doit s'appliquer qu'à un objet unique. La définition est vicieuse, puisqu'on peut appliquer à ces villes celle des substantifs communs. Quant à la phrase en litige, pour décider la question, il faut voir d'abord si le substantif est susceptible de pluriel. On ne peut pas dire, les univers, puisque ce mot signifie l'ensemble de tout ce qui existe; ce serait donc un nom propre, si l'on s'en tenait à la définition. Le mot moralité peut se dire de plusieurs objets, la moralité de sa conduite, de ses actions, etc. Il y a donc plusieurs sortes de moralité? moralité est donc un nom commun? On ne peut dire la même chose de l'univers, puisque ce mot ne peut s'appliquer à aucun autre objet de la même espèce. On prétend qu'il est permis de dire l'univers botanique; je ne sais, mais cependant j'ai peine à croire qu'il soit permis d'en faire usage, car cette expression ne présente pas une idée bien nette à l'esprit.

M. QUITARD. — La nature ne renferme que des individus; leur nombre est immense, et si l'on avait été obligé d'inventer un nom spécial pour chacun d'eux, la mémoire la plus heureuse n'aurait jamais pu suffire. On a évité cet inconvénient en créant des genres et des classes. Pour les distinguer, on a établi deux classes de noms, les noms propres et les noms communs. Le nom propre ou individuel est celui qui sert à distinguer un être des autres de la même espèce. Le substantif commun marque les qualités communes aux objets de la même espèce. Pour qu'un nom soit commun, il ne suffit pas qu'il puisse servir à plusieurs objets, il faut encore qu'il exprime des qualités communes, sans quoi c'est un nom propre. Ainsi, quelque nombreuses que puissent être les villes qui portent le nom de Paris; quelque grande que soit la quantité des personnes qui s'appellent Jean, ces noms sont toujours des noms propres, parce qu'ils ne servent qu'à nommer ces villes et ces personnes; ils n'indiquent rien de commun. Quant au mot univers, il est certain que les poètes l'ont employé au pluriel; il serait facile d'en trouver des exemples. Ce mot ne désigne pas un individu, mais une collection d'individus. On peut dire non seulement l'univers botanique, mais encore l'univers astronomique.

M. BOREL. — J'admets la doctrine que vient de nous exposer M. Quitard; mais j'en tire des conséquences opposées. Ainsi que le préopinant, j'admets que la nature ne renferme que des êtres et des modifications, et qu'en en faisant la distinction en genres et en espèces, en faisant précéder les noms d'espèces de l'article; quelquefois aussi à cause de certaines circonstances du discours, ils peuvent désigner les objets à la manière des noms propres. De même, quand on veut distinguer les unes des autres les villes ou les personnes qui portent le même nom, il n'y a que les circonstances du discours qui peuvent y faire parvenir. Il y a même certains noms propres qui sont devenus noms communs, tels sont les Bourbons, les Césars. Univers est-il un nom propre de la même nature que César? Ce mot, qui signifie l'univers, abri des choses, ne désigne qu'un seul individu; et l'on voudrait qu'il fût substantif commun, parce que, par un abus du langage, on l'a fait précéder de l'article. Mais ne sait-on pas quel usage, ou plutôt quel abus les Grecs ont fait de l'article, qu'ils plaçaient même devant les noms propres, non seulement quand ils en avaient déjà parlé, mais encore quand ils en parlaient pour la première fois. Quant à nous, nous ne faisons pas de même; comme nous sommes habitués à voir les noms propres sans article, dès que nous les en voyons précédés, nous les regardons comme des noms communs. Ainsi, l'on a l'habitude de classer le soleil, la lune, parmi les noms communs, et cependant ce sont des noms propres, car ils désignent spécialement les deux corps qui éclairent principalement la terre. Si, plus tard, on a appliqué leur nom à d'autres corps, c'est par analogie, mais ils ne perdent pas pour cela leur valeur de noms propres. La terre est également un nom propre, quand elle désigne le globe que nous habitons; mais comme on a beaucoup plus l'habitude de l'employer comme substantif commun, on veut qu'elle le soit toujours, même en ce cas. Quant au mot univers, y a-t-il un mot qui soit plus convenablement rangé parmi les noms propres? Il l'est plus que Pierre, Paul, qui peuvent s'appliquer à plusieurs individus. On dit que le mot univers est susceptible d'un pluriel, mais tous les exemples qu'on en cite sont tirés des poésies et employés par figure ou par hypothèse. Ce mot est précédé de l'article, il est vrai, mais il n'en est pas moins un nom propre, aussi bien que la Seine, le Rhône, la France. L'univers, signifiant l'ensemble de tout ce qui existe, est nécessairement unique. Mais on prétend que l'on peut n'avoir en vue que la terre que nous habitons, ou bien l'ensemble des corps célestes, etc., et alors on aura différentes sortes d'univers. De là on conclut que c'est un substantif commun, puisqu'il peut s'appliquer à plusieurs objets; mais c'est ce qui a lieu dans beaucoup d'autres circonstances. Des substantifs propres peuvent être substantifs communs et réciproquement. Pan, en grec, n'était-il pas l'univers personnifié?

M. Willoughby. — En admettant la classification des substantifs en substantifs communs et substantifs propres, je ne puis pas considérer univers comme un nom propre. En effet, un substantif commun présente des propriétés communes à chacun des objets de la même espèce; un nom propre s'emploie, au contraire, pour distinguer un individu d'un autre de la même espèce. Ainsi, quand je prononce le mot Jean, je n'indique nullement si je parle d'un homme ou d'un animal. Il est vrai que si l'on classe univers parmi les noms propres, c'est parce qu'il est seul de son espèce. Mais pourquoi fait-on plutôt un nom de ce mot que de mille autres qui ne s'emploient qu'au singulier? Si ce raisonnement était exact, l'or, l'argent, le cuivre, seraient des noms propres.

M. Boissière. — Voici quels sont les caractères distinctifs des deux classes de substantifs : les substantifs communs représentent les objets mêmes à l'esprit ; les substantifs propres ne désignent un individu que sous le rapport du nom, sans s'occuper de ses qualités. On a dit que chez les Grecs Pan et univers étaient la même chose ; c'est une erreur, et la preuve, c'est qu'ils avaient deux mots différents. Quant à la définition de M. Dijon, elle me semble incomplète, car, d'après cette définition, il y a beaucoup de mots qui ne seraient ni communs ni propres ; tels sont univers, nation, pris généralement, etc. Il faudrait donc créer un troisième genre pour classer ces sortes de mots. J'ai dit que les noms propres ne sont pas susceptibles de définition ; j'ajouterai qu'ils ne font pas partie du dictionnaire de la langue.

M. Olin. — M. Borel a dit qu'il consentait à considérer, dans la phrase que nous examinons, univers comme un nom commun ; mais, pour moi, je pense que, même en ce cas, c'est un nom propre, un mot ne change pas de nature pour être employé au figuré. La phrase signifie : Un jardin qui renferme une reproduction de cet objet unique qu'on appelle l'univers.

M. Lambert. — Le substantif propre ne convient qu'à un seul être de sa classe, et le substantif commun, au contraire, convient à tous les êtres de la même classe. On a trouvé ces définitions inexactes et incomplètes ; mais celles qu'on a voulu y substituer sont-elles préférables ? Les noms communs n'ont pas pour caractère, dit-on, de convenir à tous les êtres de la même classe ; ils décrivent l'objet qu'ils nomment, et présentent par eux-mêmes une idée de ce qu'ils signifient. Ainsi, d'après cette doctrine, univers, qui signifie l'ensemble, l'universalité de ce qui existe, ne serait pas un substantif propre, mais descriptif, parce qu'il présente une idée nette à l'esprit. La Bible, dont le nom est formé de Βίβλος, livre ; la nature, mot indiquant l'univers, etc., ne seraient pas non plus des noms propres. Néanmoins, l'Académie les regarde comme tels, quoique la Bible, par exemple, renferme plusieurs livres ; mais on a considéré leur réunion comme un livre unique. C'est ainsi que les mots, en passant d'une acception à l'autre, perdent de leur étendue, jusqu'à ne plus désigner qu'un seul être ; dans ce cas, si l'on ne connaît pas d'avance l'objet, comment peuvent-ils présenter une idée nette à l'esprit de l'étendue dans laquelle ils sont pris, surtout si elle est tellement restreinte qu'elle ne désigne plus qu'un seul individu ? On a prétendu aussi que le mot univers n'était pas un nom propre, parce que les anciens avaient plusieurs mots pour exprimer cette idée. Dans le premier cas, quand ils voulaient personnifier l'univers, ils se servaient de Pan, et dans le second, de *universus* ou *orbis*. C'est une erreur : d'abord, on cite les

Latins, et le mot πᾶν est grec, et était aussi employé comme adjectif. De même, le nom propre Ἥϐη était employé pour la jeunesse. Enfin, pour revenir à l'objet en discussion, je crois que le mot univers est un nom propre, et que lors même que l'on n'aurait eu en vue que l'univers botanique, ce mot ne perdait rien de sa valeur, l'univers n'étant envisagé par les botanistes que sous le rapport de l'histoire naturelle.

M. DEPOISIER. —Si l'on revient sans cesse aux définitions données par la plupart des grammairiens, il sera difficile de s'entendre, car elles varient suivant les individus. D'après ces définitions, le nom commun serait celui qui convient à tous les objets de la même espèce ; mais ce nom peut tout aussi bien s'appliquer aux substantifs propres, et de même la définition des substantifs propres aux substantifs communs. Je crois que le substantif est commun, quand il sert à nommer un objet commun à tout le monde, que tout le monde connaît. Ces mots sont ordinairement précédés de l'article, tandis que le substantif propre n'en est pas précédé, et quand cela a lieu, c'est qu'il y a un substantif commun sous-entendu. On prétend que les substantifs propres désignent les qualités des objets qu'ils servent à désigner. C'est une erreur. Quelle qualité désigne le mot Jean ? L'individu qui porte ce nom est-il beau ? est-il laid ? est-il savant ? est-il ignorant ? On n'en sait rien.

M. BESCHERELLE aîné. — Lorsqu'on attaque les définitions des autres grammairiens, on doit les remplacer par d'autres meilleures. Humanité n'est pas un substantif commun, parce qu'il peut s'appliquer à tous les hommes, puisque ce nom désigne des hommes. C'est un nom commun, parce qu'il y a plusieurs sortes d'humanités. On a voulu aussi désigner, comme moyen de reconnaître le nom commun, la présence de l'article. C'est un principe faux, puisqu'il y a bien des noms propres qui admettent l'article. On en convient, mais on prétend qu'il y a alors un substantif commun sous-entendu. Non seulement le substantif propre peut être précédé de l'article, mais encore il peut être déterminé à la manière des substantifs communs. Ainsi, un étranger peut dire : Votre Paris n'est qu'une ville de boue ; Paris, que l'on m'avait tant vanté, etc. Ces moyens de reconnaître les substantifs sont inadmissibles. Le nom propre ne désigne aucune qualité particulière à la personne qui le porte ; ce ne sont que de simples démonstrations. Quant à la doctrine de M. Borel, elle est extrêmement élastique. Le mot univers peut être considéré comme substantif commun ou propre. Alors, comment voulez-vous que les enfants puissent s'y reconnaître ? ce qui fait partager les mots en différentes classes, c'est leur emploi. Ainsi, les mots lune et soleil sont évidemment des noms propres en astronomie, quoiqu'ils puissent être employés comme noms communs. Un poëte a dit : La lune est le soleil des ruines. Il n'y a donc que l'emploi des mots qui détermine leur classe spéciale. Voyons maintenant si, dans la phrase que nous examinons, le mot univers est un substantif commun. Une personne qui possède un coin de terre, peut dire : C'est mon univers. Ce mot peut donc s'appliquer à différents objets; c'est donc un nom commun.

M. QUITARD. — Il est permis de dire que l'on a abusé du nom propre, en l'appliquant à plusieurs individus; mais c'était indispensable. Si l'on en croit M. Granier de Cassagnac, les premiers noms ont été des noms propres qui, plus tard, sont devenus communs, lorsqu'on les a appliqués à une collection d'individus. Par là, on a évité de créer un trop grand nombre de mots. Quant au mot univers, objet de la discussion, ce n'est pas un nom propre, parce qu'il ne désigne pas un individu réel, mais une collection d'individus; il est possible que, dans certains cas, il puisse devenir nom propre; mais il est naturellement nom commun. On a eu tort de prétendre que le nom propre n'est pas susceptible de définition; on peut dire seulement qu'il n'est pas susceptible d'être appliqué en même temps à plusieurs individus.

M. BOREL. — On a dit que les noms propres ne signifiaient rien par eux-mêmes : c'est une erreur. Dans la nature, il n'y a que des individus; c'est pourquoi on a d'abord créé les noms propres pour les désigner, et c'est plus tard que la création des noms communs a eu lieu. Si, aujourd'hui, les noms propres ne nous paraissent avoir aucune signification c'est que depuis long-temps on a perdu les traces de leur origine. Mais, dit-on, quand je nomme Jean, on ne sait quelles sont les qualités de l'individu dont je parle. Cela est vrai, mais cela tient à ce que plus un nom a de compréhension, moins il a d'étendue, et réciproquement. La compréhension comprend la totalité des qualités de l'individu. Ainsi, le mot cheval me désigne un animal à quatre pieds, dont la peau est dure, etc.; mais il y a d'autres animaux à quatre pieds, le bœuf, le chien, ils diffèrent du cheval par d'autres qualités. En comparant ainsi tous les quadrupèdes, on verra clairement quels sont les individus de cette classe. Après avoir passé tous ces animaux en revue, on pourra chercher parmi les chevaux les différences individuelles qu'ils présentent; on verra qu'ils diffèrent, soit pour la hauteur, soit pour la couleur. Ce sont toutes ces différences que désigne le nom propre. Il fait distinguer un individu de tous les autres de la même classe. Quant à ce qu'a dit M. Boissière sur Pan et l'univers, Minerve et la sagesse, je lui ferai observer que Pan est grec et univers latin; que Minerve est un nom propre, et la sagesse une de ses qualités; il n'y avait pas d'expressions équivalentes; et qu'univers, pouvant être remplacé par l'universalité des choses, n'était pas un nom propre. A cela j'ai déjà répondu qu'on pourrait remplacer Alexandre par le fils de Philippe.

M. QUITARD. — Mais il peut exister plusieurs fils de Philippe.

M. Borel. — Quand cela a lieu, la suite du discours l'indique. On avait dit que les noms communs se trouvaient dans le dictionnaire, et que les noms propres n'y figuraient pas; mais, comme on a abandonné cette opinion, je n'insisterai pas davantage là-dessus. En attendant, les mots terre, soleil, sont des noms propres, puisqu'ils indiquent spécialement les corps auxquels on les applique. Univers est un mot de la même classe; mais, dit-on, ce mot est susceptible d'être modifié par l'article, les démonstratifs ou les possessifs. On peut dire : L'univers, cet univers, mon univers; mais ne peut-on pas dire également : Mon Louvre, mon Fontainebleau? Louvre et Fontainebleau cessent-ils pour cela d'être noms propres?

M. Jost prétend que, suivant la Bible, les noms communs ont existé avant les noms propres, puisque les noms qui ont été donnés aux animaux étaient des noms communs.

M. Quitard répond que c'étaient des noms propres, puisqu'il n'y avait qu'un animal de chaque espèce.

M. Olin. — Lors même qu'on dit : La lune est le soleil des ruines, le mot soleil est toujours nom propre, mais il est employé au figuré. J'en dirai autant de : Ma chaumière est mon Louvre. Dans la phrase en discussion, on peut donc considérer univers comme un nom propre.

M. Boissière. — Je suis étonné que M. Borel, qui, dans la dernière séance, avait prétendu que les noms propres n'avaient aucun sens, soit aujourd'hui d'une opinion contraire. Plus j'examine les opinions que l'on a données des deux classes de noms, plus je les trouve incomplètes; car il y a un grand nombre de mots qui ne peuvent faire partie ni de l'une ni de l'autre.

La discussion est close, et la société décide : 1° que, dans la phrase, univers n'est pas un nom propre ; 2° qu'il est un nom propre quand il signifie l'universalité des choses.

La séance est levée à midi.

Le Secrétaire particulier,

J. B. Prodhomme.

Le Président,

Quitard.

PREMIÈRE (la) GRAMMAIRE FRANÇAISE DE L'ÉCOLE PRATIQUE, ou
Grammaire du premier degré, DÉDIÉE à S. A. R. Mgr le duc de
Montpensier, par M. BESCHERELLE AÎNÉ; adoptée par la Société
des Méthodes de Paris, etc. etc., 1 vol. in-12 cart. Prix :

CORRIGÉ DES ANALYSES ET DES DICTÉES renfermées dans la première Grammaire de l'École pratique, par M. BESCHERELLE aîné.
Un volume in-12. Prix :

GRAMMAIRE DE L'ACADÉMIE, ou Principes de Grammaire française, fidèlement extraits du DICTIONNAIRE DE L'ACADÉMIE, par
M. LAMOTTE, Inspecteur spécial des Écoles primaires du
département de la Seine, et M. BESCHERELLE, aîné; ouvrage
publié sous les auspices de MM. Villemain, pair de France,
Droz et de Jouy, de l'Académie Française. Un volume in-12,
cart. Prix :   1 fr. 25 c.

GRAMMAIRE (LA) DE TOUTES LES ÉCOLES ET DE TOUS LES DEGRÉS,
ou la plus complète de toutes les Grammaires françaises, etc.
par M. BESCHERELLE aîné. Un vol. in-12, cart. Prix : 1 fr. 25 c.

EXERCICES DE LA GRAMMAIRE DE TOUTES LES ÉCOLES, ou Dictées
sur toutes les règles de la syntaxe, par le même. Un volume in-12,
cart. Prix :   1 fr. 25 c.

CORRIGÉ DES EXERCICES DE LA GRAMMAIRE DE TOUTES LES ÉCOLES,
par le même. Un vol. in-12. Prix :   1 fr. 50 c.

COURS D'HISTOIRE ET DE GÉOGRAPHIE, autorisé par le Conseil
Royal de l'Instruction publique; rédigé d'après le programme
arrêté pour cet enseignement par le Conseil Royal de l'Instruction publique, par MM. Félix ANSART et Ambroise RENDU fils;
chacun des volumes de ce Cours se vend séparément :

Tome 1er. Histoire ancienne et Histoire romaine, par M. A. RENDU
fils. Un vol. in-12, broc. Prix :   1 fr. 50 c.

Tome II. — Histoire du moyen-âge et Histoire moderne, par le
même. Un vol. in-12, broc. Prix :   1 fr. 50 c.

Tome III. — Histoire de France, par M. F. ANSART. Un volume
in-12, broc. Prix :   1 fr. 50 c.

Tome IV. — Géographie historique et contemporaine, par le même.
Un vol. in-12, broc. Prix :   1 fr. 50 c.

ATLAS. — Première partie. — Elle correspond au tome I et à la
première partie du tome IV du Cours, et contient les douze cartes nécessaires pour l'intelligence de l'Histoire ancienne et de
l'Histoire romaine, par M. Félix ANSART. Un volume in-8°, cart.
Prix :   2 fr. 50 c.

Deuxième partie. — Elle correspond aux tomes II et III et à la
seconde partie du tome IV du Cours, et se compose de douze
cartes, dont quatre relatives à l'Histoire du moyen-âge, quatre à
l'Histoire moderne, et quatre à l'Histoire de France; par le
même. Un vol. in-8°, cart. Prix :   2 fr. 50 c.

Troisième partie. — Elle correspond à la troisième partie du tome
IV du Cours, comprenant la Géographie contemporaine, et ren-
ferme les quatorze cartes nécessaires pour l'intelligence de la
Géographie de toutes les parties du monde, en 1840, par le même.
Un vol. in-8°, cart. Prix :   2 fr. 50 c.